KB068912

Venture Business and Start-up Game

벤처경영과 창업게임

이중만 저

박영사

벤처경영과 창업게임

이 중 만

머 리 말

이 책은 벤처경영 또는 창업경영 전공과목에 해당되는 강의과목에 사용할 목적으로 작성되었다. 벤처창업 및 기술경영 전공에 관심이 있는 대학생을 대상으로 기업가 정신 제고 및 벤처 창업경영에 필요한 기초이론 및 실무에 대한 개론서의 성격을 가지고 있다. 그리고 벤처창업에 관심이 있는 일반인도 성공적인 벤처창업에 대한 기초지식 및 벤처 창업게임을 통해 창업기회를 포착할 수 있는 능력을 배양할 수 있도록 책이 꾸며져 있다.

이 책의 전반적인 목차는 크게 I. 벤처경영에 대한 이해, II. 창업을 위한 준비작업(Warming-Up), III. 벤처 창업게임(Start-up Game)의 순서로 정리되어 있다. 세부목차로 벤처경영에 대한 이해 부문에서는 벤처창업에 대한 기본개념, 기업가 정신(Entre-preneurship), 혁신유형과 사례 등에 대한 벤처 창업경영의 중요한 기본내용을 다루고 있다. 창업을 위한 준비작업 부문에서는 팀 빌딩, 창업 아이디어 개발, 비즈니스 모델에 대한 이해 등을 설명하고 있다. 그리고 벤처 창업게임 부문에서는 창업하고자 하는 본인에 대한 분석, 창업 기회분석, 외부 및 내부분석, 고객 분석, 제품 디자인, 하이테크 마케팅 전략(Marketing Strategy), 자금조달(Financing)까지 소개하여 창업자가 고민해야 할 외부 환경 분석과 창업 기회분석까지 소개하고 있다.

마지막으로 이 책은 교과서형식이 아니라 문제 해결중심(Problem-based Learning)으로 정리가 되어 있어 독자들이 쉽게 이해하고 직접 참여를 할 수 있도록 기술되어 있다. 벤처 창업게임 편에서는 본인에 대한 창업적성을 직접 테스트를 해 보고 자기분석서를 통해 팀 빌딩을 해서, 창업게임 형태로 앞에서 배운 벤처경영에 대한 이해와 창업을 위한 준비 작업을 바탕으로 실전형태의 창업 아이디어 계획서를 작성할 수 있도록 유도하고 있어 활용이 기대되어진다. 벤처 창업게임에서는 Stanford University 기술벤처프로그램의 창시자인 Byers 교수의 Technology Ventures의 내용을 인용하였으며, 7장 창업 기회분석에서는 2015년 여름방학에 시애틀 대학에서 수행한 교육부 CK 특성화사업의 일환인 Global IT Venture Education Program도 실려 있다. 부록편에서는 창업자의 경영전략 마인드와 벤처 경영능력을 향상시키기 위하여, 전략, 마케팅, 생산, HR, 재무활동 등 경영 의사결정에 대한 시뮬레이션 게임을 수록하였다.

본서의 사례를 인용하는 데 있어 가능한 학문적 인용의 관례에 따르고 있지만, 미처 허락을 구하지 못한 부분은 이 자리를 통해 양해를 구하고자 하며 감사를 표한다. 그리고 이번 작업에 도움이 된 시애틀 대학의 John Godek 교수님과 Don Lee 교수님께 감사드리며, 아울러 출간을 도와주신 박영사 안종만 회장님, 안상준 이사, 박선진 대리 등 출판사에도 감사를 전한다. 또한, 꼼꼼하게 여러 번에 걸쳐 교정작업을 봐주신 마찬옥 편집위원님께 깊은 감사를 드린다. 끝으로 시애틀 연구년 동안 이 책을 집필하는 데 있어서 내 딸 이경민과 이영주의 도움이 물심양면으로 무척 컸음을 여기에 밝혀둔다.

2016년 6월

시애틀에서 이 중 만

차   례

I

벤처경영에 대한 이해

Ⅰ. 벤처경영에 대한 이해

1. 벤처창업의 이해(Concept)

가. 벤처창업은 무엇이고 왜 하는가?

구 분	주요내용
문제 제기	벤처창업이란 무엇(What)이고 왜(Why) 그리고 언제(When) 하는가?
문제해결 중심내용 (Problem-based Learning)	- 벤처창업의 의미(What)를 이해한다. - 벤처창업을 왜(Why) 하는지 파악한다. - 벤처창업은 언제(When) 하는 게 적정한지 파악한다.

| Action 1 | 벤처창업의 의미(What)를 이해한다. |

[표 1-1] 벤처의 사전적 정의

A venture is a project or activity which is new, exciting, and difficult because it involves the risk of failure.

출처: 위키피디아, 2012.

　　벤처의 사전적 정의는 새롭고 흥미 있으며 어려운 프로젝트를 말한다. 그 이유는 실패의 위험이 내재하고 있기 때문이다. 벤처기업(Venture 企業)이란 고도의 전문 능력, 창조적 재능, 기업가 정신을 살려, 대기업에서는 착수하기 힘든 특수한 신규 산업에 도전하는 연구개발형 신규기업을 뜻한다. 초기에는 전자·화학·기계 등의 산업을 중심으로 한 하드웨어영역에 많이 진출하였으나, 최근에는 유통·서비스·사회개발·정보처리 등의 산업에도 확산되는 현상을 보이고 있다. 그래서 최근의 벤처형 기업의 특징은 하드웨어·정보(소프트웨어)·서비스 등 3자의 결부에 착안하여, 그 연결 작업에 창의와 고안을 집중하여 새로운 기축(機軸)을 이룩함으로써 풍성한 사업기회를 개발해 가는 데에 있다고 한다. 벤처기업은 성장속도가 빠른 반면 도산될 위험도 크다. 도산하게 되는 이유로는 창업자의 일인체제, 마케팅과 재무의 취약성, 안이한 과대설비 투자, 기술개발체제가 벽에 부딪히는 상황 등이 있다(위키피디아, 2012).

　　대한민국에서는 "벤처기업육성에 관한 특별조치법"에서 일정요건을 갖춘 중소기업을 벤처기업으로 정의하고 있다. 첫째, 벤처캐피탈이 기업 자본금의 10% 이상 투자하고, 투자금액이 5천만원 이상인 경우(벤처투자기업), 둘째, 기술보증기금 또는 중소기업진흥공단이 기업의 기술 평가를 실시한 후 담보 없이 총자산의 10% 이상, 최소 8천만원 이상을 보증 또는 대출하는 경우(기술평가 보증/ 대출기업), 셋째, 기업부설연구소를 보유한 기업으로서 연구개발비가 총매출액에서 차지하는 비율이 중소기업청장이 정하여 고시하는 비율(5~10%) 이상이고, 5천만원 이상인 경우(연구개발기업)를 벤처기업 요건으로 규정하고 있다.

　　외국의 벤처기업 정의에 대해서 살펴보면, 미국은 전통적으로 위험성이 크나 성공할 경우 높은 기대 수익이 예상되는 신기술 또는 아이디어를 사업 아이템으로 운영하는 신생기업으로 기술은 첨단기술을 의미하며, 사업성이 있다는 판단은 벤처캐피탈로부터 투자를 받을 수 있는 기업을 의미한다. 일본의 경우, 벤처기업의 정의는 매우 구체적이고 계량적인 기준을 가지고 정의하고 있는데, 중소기업으로서 R&D투자 비율이 총매출액의 3% 이상인 기업으로 창업 후 5년 미만의 기업을 말한다. 그리고. OECD의 정의는 R&D 집중도가 높은 기업, 기술혁신이나 기술적 우월성이 성공의 주요 요인인 기업으로 규정하고 있다.

[그림 1-1] 벤처창업의 정의

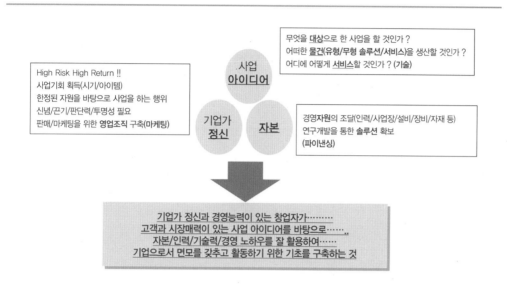

출처: J. Timmons(1990), New Ventures Creation.

　창업이란 창업자가 어떤 목적을 가진 사업을 하기 위해 구체적인 수단을 정의하는 것으로 이윤 창출을 위한 사업의 기초를 세우는 것을 말한다. 좀 더 구체적으로 말하면, 기업가정신과 경영능력이 있는 창업자가 고객과 시장매력이 있는 사업 아이디어를 바탕으로 자본, 인력, 기술력, 경영 노하우를 잘 활용하여 기업으로서 면모를 갖추고 활동하기 위한 기초를 구축하는 것을 말한다. 여기서 사업아이디어는 무엇을 사업대상으로 할 것인지, 어떤 물건(유형, 무형솔루션, 서비스 등)을 생산할 것인지, 어디에 어떻게 서비스 할 것인지를 말하며, 자본은 사업을 하기 위해서 필요한 인력, 사업장, 설비, 장비, 자재 등 한정된 자원을 바탕으로 사업의 기회를 획득하려는 것이다. 그리고 기업가 정신은 신념, 끈기, 통찰력 등을 통해 판매 및 마케팅을 위한 영업조직 구축을 말한다. 위의 사업 아이디어, 기업가 정신, 자본 등 3가지 요인은 벤처창업에 필요한 기술, 마케팅, 파이낸싱 등 3대 주요요인으로 요약할 수 있다.

Action 2	벤처창업을 왜(Why) 해야 하는지를 파악한다.

　　한국에서는 고등학교나 대학을 졸업을 하게 되면 대부분 대기업이나 중소기업에 취업을 하게 된다. 대기업의 일자리는 제한되어 있어 대기업 취업은 바늘구멍에 낙타가 들어가는 정도로 힘들며, 대기업은 신입사원보다는 회사에서 바로 활용할 수 있는 경력직 사원을 더 선호하고 있어 더욱 대기업 입사는 힘들어지고 있다. 취업이 제대로 안 된 학생들은 알바라든지 비정규직 일자리를 알아보게 되고, 마지막에서 창업을 고려하는 것이 한국의 취업과정이다. 창업을 한 남자와는 여자 측에서 결혼도 승낙하지 못하는 것이 한국 창업의 현주소이다(빌 올렛, 2014). 미국과 이스라엘 등에서는 능력있고 도전정신이 있는 학생들이 먼저 창업을 하는 상황과는 매우 대조적이다. 그 원인은 한국의 노동시장이 유연하지 못한 이유도 있지만, 고용시장의 불안으로 학생들이 공무원, 대기업 등 안정된 일자리를 원하고 있다. 그러나, 대기업에 입사를 해도 대기업의 별이라고 하는 이사직을 달기는 극소수에 불과하며 40~50대에 퇴사를 하게 되고, 공무원직도 정년이 보장되어 있지만 50대 후반에 대부분 나오게 되어 창업을 생각하게 된다. 중소기업에 다니는 사람도 불만족스러운 근무환경, 적은 연봉, 불안정

[그림 1-2] 20대 60대 창업증가 추세

출처: 매일신문, 60대 창업증가, 2015. 10. 1.

한 고용상태 등으로 자주 이직을 하게 된다.

　　최근 들어 20대와 60대 창업이 늘고 있다는 통계도 있다. 통계청이 발표한 '전국 사업체조사 잠정결과'에 따르면, 60대 이상이 대표인 사업체는 2013년 62만 7천348곳에서 지난해 70만 1천319곳으로 7만 3천917곳(11.8%) 증가했다. 2014년 한 해 동안 창업과 폐업을 합쳐 순증한 회사의 52.7%를 60대 이상이 세웠다는 얘기다. 2013년에는 은퇴한 베이비붐 세대의 창업이 이어지면서 50대가 대표인 사업체가 급증했는데, 60대로 그 행렬이 넘어간 것이다(매일경제, 60대로 번진 창업행렬, 2015. 10. 2). 20대 창업도 2013년보다 24% 증가했으나 경기 회복에 따른 '창업 붐'과는 거리가 멀었다. 20대 창업은 카페·음식점·옷가게 등 일부 업종으로의 쏠림현상을 보였고, 취업이 어렵게 되자 창업에 나선 고육지책인 것으로 분석되었다. 예전과 같이 평생직장은 없으며, 20대는 취업이 어려워 창업을 하고, 60대는 정년퇴직을 해도 인구고령화에 따라 제2의 창업을 하고 있는 것이다. 따라서, 인생에 한두 번은 창업을 고려할 수밖에 없게 되었다.

♣ 스티브 잡스의 창업관

　　"수년간 사업을 하면서 알게 된 게 있어요. 저는 늘 "왜 그 일을 하는가?"라고 묻는데요. 매번 "원래 그렇게 하는 거야"라는 대답을 듣곤 했습니다. 아무도 자신이 왜 그 일을 하는지 알지 못했고 깊이 생각하지 않았습니다."

　　"삶에서 중요한 결정을 내릴 때 내가 곧 죽을 거라고 생각하는 게 가장 큰 도움이 됐습니다. 모든 외부의 기대, 자존심, 당황하거나 실패할까 두려워하는 마음, 이 모든 것은 죽음 앞에서 떨어져 나가고 진정으로 중요한 것만 남게 되기 때문입니다. 여러분에게 주어진 시간은 한정되어 있습니다. 그러니 다른 사람의 삶을 사느라 시간을 허비하지 마십시오. 다른 사람들의 견해가 여러분 내면의 목소리를 가리지 않게 하십시오. 그리고 가장 중요한 건 여러분의 마음과 직관을 따라가는 용기를 가지는 것입니다."

출처: EBS, 책 밖의 역사, 스티브 잡스, 직관을 따라가는 용기, 2015. 10. 5.
　　(http://home.ebs.co.kr/ebsnews/allView/10391175/N)

창업 매력도 지표(EA Index: Entrepreneur Attractive Index)[1]

창업 매력도(EA) = (Y + I) − (W + R)

Y = 2년 동안의 소득

I = 독립성(Independence)

W = 업무 노력도(Work Effort)

R = 위험도(Risk)

(각 요소에 대해서 5점 척도를 사용, 1=low, 3=medium, 5=high)

예를 들어 삼성에 취업한 학생이 1년에 5천만원을 받는다고 생각하면 2년 동안의 소득은 1억이다. 1억을 대기업의 평균으로 본다면 Y는 5점 척도로 3이 된다. 그러나, 삼성입사 대신 창업을 해서 2년 동안 1억을 받을 수 있다고 생각하면, 독립성에 있어서는 자기회사이므로 높게 5점 척도로 평가할 수 있는 반면에 Risk는 상대적으로 높게 3으로 평가할 수 있다(업무에 대한 노력은 창업과 삼성에서 똑같다고 가정한다).

[표 1-1] 창업 매력도 지표

지 표	창 업	삼 성
Y	3	3
I	5	2
W	4	4
R	3	2
EA	+1	−1

이런 가정의 경우,

창업 = (Y + I) − (W + R) = (5 + 3) − (4 + 3) = +1

삼성 = (Y + I) − (W + R) = (3 + 2) − (4 + 2) = −1

---

1) 출처: Byers, Thomas H.(2013), Technology Ventures, McGraw Hill Third Edition.

삼성을 나와 창업을 하는 게 당연한 일이 될 것이다(창업했을 때의 소득이 적고, 위험도가 더 높다고 생각되었을 경우가 창업을 선택하는 방해요인이 되기도 한다).

Action 3	벤처창업을 언제(When) 해야 하는 게 적정한가를 파악한다.

[그림 1-3] 창업연령에 따른 벤처기업의 유형

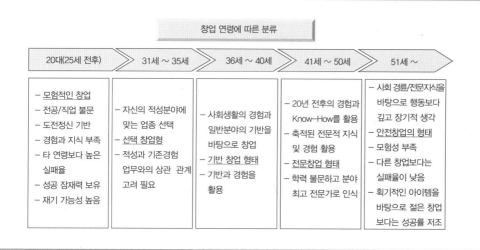

다음은 창업연령에 따른 벤처기업의 특징을 살펴보면, 20대에는 모험적인 창업형태로 젊은이들의 전공과 직업과 관계없이 도전정신으로 벤처를 시작하다 보니 경험과 지식부족으로 타 연령보다 벤처 성공률이 낮을 수밖에 없으나, 성공 잠재력을 보유하고 있다. 또한 벤처창업에 대한 실패를 용인하는 사회적 인식을 제고하고, 국가적으로 벤처창업에 재 도전할 수 있는 종합적인 지원을 통해 재기 가능성을 높여 주는 것이 필요하다.

30대 초반의 창업은 자신의 적성분야에 맞는 업종을 선택하는 선택 창업형으로 적성과 기존 경험업무와의 상관관계를 고려하여 창업을 하게 된다. 또한 30대 후반의 창업도 본인의 사회생활 경험을 기반으로 창업을 한다. 40대 창업의 경우는 20년 정도의 경험과 Know—How를 활용하여 축적된 전문적 지식과 경험을 바탕으로 하는 전문적인 창업형태를 띠게 되며, 50대 이상의 창업은 획기적인 창의적인 아이템보다는 사회 경륜 및 전문적인 지식을 바탕으로 장기적이고 안정적인 형태의 창업을 하게 되어 다른 창업보다는 실패율이 낮게 된다.

[표 1-2] 정보통신분야의 젊은 창업자들

Entrepreneur	Enterprise started	Age of entrepreneur at time of start	Year of start
Bezos, Jeff	Amazon.com (USA)	31	1995
Brin, Sergey	Google (USA)	27	1998
Dell, Michael	Dell Computer (USA)	19	1984
Gates, William	Microsoft (USA)	20	1976
Greene, Diane	VMWare (USA)	42	1998
Hewlett, William	Hewlett—Packard (USA)	27	1939
Ibrahim, Mo	Celtel (Africa)	42	1998
Lerner, Sandra	Cisco (USA)	29	1984
Li, Robin	Baidu (China)	32	2000
Ma, Jack	Alibaba.com (China)	35	1999
Plattner, Hasso	SAP (Germany)	28	1972
Rottenberg, Linda	Endeavor (Chile, Argentina)	28	1997
Sasaki, Koji	AdIn Research (Japan)	43	1986
Shwed, Gil	Check Point (Israel)	25	1993
Tanti, Tulsi	Suzlon Energy (India)	37	1995
Yunus, Muhammed	Grameen Bank (India)	36	1976
Zuckerberg, Mark	Facebook (USA)	20	2004

출처: Byers, Thomas H.(2013), Technology Ventures, McGraw Hill Third Edition.

과거 컴퓨터 기술 분야에서는 마이크로 소프트의 빌 게이츠, HP의 휴렛 윌리암 등이 20대 창업을 했었으며, 최근 들어 정보통신분야에서 플랫폼, SNS, 클라우드 기반 개방형 인프라 등 기술발전으로 창업이 용이해짐에 따라, 젊은 20대 창업이 매우 증가하게 되었다. 대표적으로 페이스 북의 마크 쥬크버그, 구글의 브린 세르게이 등이다.

나. 벤처창업에 필요한 정보

구 분	주요내용
문제 제기	벤처창업에 필요한 정보는 무엇인가?
문제해결 중심내용 (Problem−based Learning)	− 사회 및 문화 트렌드를 포착한다. − 경제 패러다임의 추이 및 변화내용을 이해한다. − 과거 혁신기술과 미래 유망기술에 대해 이해한다.

Action 1 기회를 창조하는 사회 및 문화 트렌드를 포착한다.

[표 1−3] 사회 및 문화 트렌드

Social and Cultural Trends

- Aging baby−boom generation
- Increased diversity
- Two−Working−parent families
- Rising middle class in developing nations
- Changing role of religious organizations
- Changing role of women in society
- Pervasive influence of media

출처: Byers, Thomas H.(2013), Technology Ventures, McGraw Hill Third Edition.

사회 및 문화적 트렌드를 포착함으로써 창업의 기회를 만들 수 있다. 인구통계학 측면에서는 베이비 붐 세대가 은퇴하고 인구 고령화 추세로 실버산업, 바이오산업, 여행업계 등에 큰 기회와 영향을 주고 있으며, 외국 노동자들의 이민 또는 한류에 따른 외국인 여행자들이 증가하여 다양성이 높아지고 있다. 또한 맞벌이 부부 가족들이 증가하고 여성들의 사회적 역할이 변화하고 있다. 저 개발국가의 중산층들이 증가함에 따라, 구매력 증가에 기인하는 수출구조의 변화가 있으며, 미디어의 지속적인 영향으로 소비패턴 등이 달라지고 있다.

Action 2	경제 패러다임(Macro)의 추이 및 변화내용2)을 이해한다.

[그림 1-4] 경제의 대변혁과 사회구조

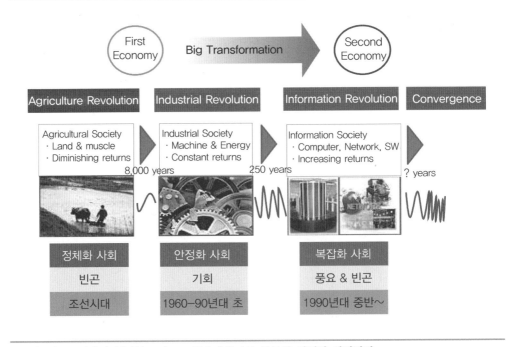

출처: 정보통신산업진흥원(2012), IT 중소벤처기업 글로벌 경쟁력 강화방안.

현재 진행되고 있는 인류경제체계는 인간근육과 물리적 형태를 가진 자본 중심의 경제에서 정신 및 지식을 중심으로 보이지 않은 자본을 근간으로 하는 2차 경제에 진

---

2) 정보통신산업진흥원(2012), "IT 중소벤처기업 글로벌 경쟁력 강화방안" 내용 재정리.

입하는 대변혁을 맞이하고 있다. B. Arthur(2011)는 이러한 경제적 대변혁을 1차 경제에서 2차경제로의 대전환 또는 대변혁이라고 불렀다. 대전환으로 인한 인류 경제체계 변화의 가장 중요한 시사점은 과거에는 일자리가 보장되고 일정하고 강력하게 요구되었던 생산중심의 경제체계에서, 일자리가 축소되고 경제적 기회가 상대적으로 적은 분배중심의 경제체계로의 전환으로 인하여 공정한 분배중심의 경제체계수립이 필요하다고 주장한다.

동일한 경제적 시각에서 제러미 리프킨(2011)은 산업시대가 노예제를 끝냈듯이 21세기의 경제패러다임인 협업시대는 대량의 임금제를 기반으로 하는 노동제도에 종지부를 찍을 것으로 예견했다. 그는 21세기에 발생할 수 있는 노동의 종말을 어떻게 극복할 것인가에 대한 해결책으로 노동에 대한 개념을 재정립함으로써, 분배적 기능에 기반을 둔 시민사회조직의 참여활동을 강조하고 있다.

1차 경제구조는 인간근육과 물리적 자본을 투입하여 여러 가지 재화와 서비스를 생산하지만, 2차 경제구조의 생산양식은 정신적 지식과 보이지 않은 자본을 투입하여 재화와 서비스를 생산하는 경제구조를 갖는 특징이 존재한다. 또한 두 경제구조는 생산방식에서도 매우 다르게 작동한다. 먼저 1차 경제는 물리계(物理界) 안에서 작동하는 생산방식으로 인한 수확체감법칙 또는 최소한 수확불변원리를 바탕으로 작동하기 때문에 정체 또는 안정적인 경제사회체계를 만들어가지만, 2차 경제구조의 주요 생산방식은 정신계중심의 재조합적 성장방식(Recombinational Growth)인 수확체증원리를 바탕으로 하기 때문에 경제사회구조가 양극화되는 불안정한 사회 및 경제적 상태를 나타낸다.

1차 경제체계에서 2차 경제체계로의 전환으로 인하여 발생하는 경제 및 사회적 문제점을 살펴보면 다음과 같다. 먼저 세계화의 가속적 확산이 빠르게 진행된다. 물리적인 한계에서 벗어남으로 전 세계가 하나의 공간에서 작동하게 된다. 다음으로 IT기술혁명의 주도로 인하여 너무 빠른 사회적 변화와 정보의 양극화가 발생하고 있다. 또한 필요한 자원이 생산기반에 재투자되기보다는 기대수명이 증대됨에 따라서 복지중심의 자원분배가 필요하게 되었다. 마지막으로 대 경제구조전환에서 발생하고 있는 기후변화와 에너지 고갈의 문제점이 매우 빠르게 등장하고 있다.

Action 3	과거 혁신기술과 미래 유망기술에 대해 이해한다.

[그림 1-5] 혁신의 물결(Waves of Innovation)

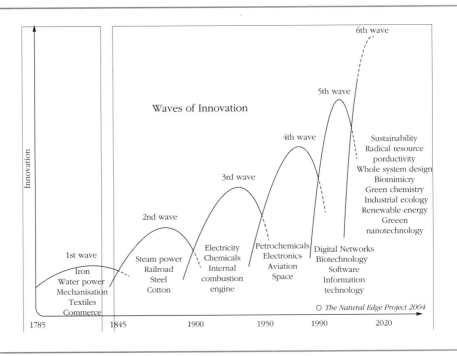

출처: Byers, Thomas H.(2013), Technology Ventures, McGraw Hill Third Edition.

위의 그림은 역사를 통해서 다른 기술에 근거한 혁신의 물결을 1차부터 6차까지 구분하여 설명하고 있다. 90년대 중반부터 시작된 디지털 혁명은 점차적으로 다른 산업과 융합되고 있다. PC·휴대폰과 같이 비교적 명확했던 IT산업의 영역은 붕괴되고 타 영역으로 IT융합이 가속화되고 있다. 현재 진행되고 있는 글로벌 관점에서 IT산업 재편은 SW, PC, 휴대폰 등 비교적 명확했던 IT 경계가 사라지고 융합화되고 있는 것이 주된 요인으로 지적된다. 또한 최근 구글의 모토로라 인수에서 보듯이, SW를 중심으로 IT산업 주도권이 이동하고 있다.

따라서 다가오는 미래는 HW+SW+서비스 융합력이 있는 기업이 절대 강자로

등극할 것으로 예상되고 있으며, 그 결과 IT 주도권이 HW기업 중심에서 SW 중심으로 변화하고, HW＋SW＋서비스의 융합경쟁력을 갖춘 기업이 강자(強者)로 등장할 전망이다. 즉 과거 컴퓨터 중심에서 Web, 모바일 등 다양한 플랫폼 확대로 새로운 비즈니스 모델 및 신기술이 확산되고 있는 환경에서 SW도 중요하지만, HW와 서비스의 뒷받침이 없다면 비교우위를 가진 경쟁력을 갖추지 못할 것이다. 향후 6차 물결에서는 그린기술, 나노기술, 재사용가능한 에너지 기술 등 지속가능(sustainability)이 키워드가 될 것이다.

이러한 IT산업 환경변화로 인하여 성장 엔진, 중소벤처기업의 역할이 대두되고 있으며, 중소기업의 경쟁력 강화가 국가 경쟁력 및 고용창출에 중요한 핵심엔진으로 작용하고 있다. 즉 국내 전체 기업의 일자리창출 기여도에 있어 중소벤처기업이 89%를 담당하고 있는 핵심 엔진역할을 하고 있으며, 대기업 중심의 산업 구조에서 중소벤처기업의 역할이 증대되는 생태학 기반의 경제 구조로 이동되고 있다.[3]

또한 글로벌 시장에서 스타트업 성공사례가 계속되고 플랫폼, SNS, 클라우드 기반 개방형 인프라로 스타트업 활성화가 기대되며,[4] 산업과 시장영역간의 경계 파괴로 특허의 중요성이 부각되고 이를 확보하기 위한 특허분쟁 증가 및 인수합병 활성화가 가열되며,[5] 중국, 인도 등 글로벌 시장의 다원화, SNS 기반 개방형 마켓 등장 등은 국경 없는 무한 경쟁시대가 도래하였다.[6] 핀란드의 경우, 모바일 게임 업체인 앵그리버드는 짧은 시간에 세계적인 성공을 이루어 벤처기업도 글로벌 기업이 될 수 있는 가능성을 보여주고 있다.

---

3) 세계 각국은 경제 환경 악화에 따른 고용 창출 문제가 가장 큰 이슈 → 중소기업 활성화를 통한 신규고용창출 모색.
4) 스타트업 성공사례 : IPO(그루폰, 페이스북, 징가 등), M&A(페이스북의 인스타그램 10억불, MS의 스카이프 85억불 인수).
5) 애플－노키아 특허분쟁 결과 애플이 노키아 특허사용료 지불 합의('11.6)하고, 애플·MS의 노텔(캐) 인수(45억$)로 통신특허 6,000여건 확보('11.6) 등.
6) 중국 IT시장 비중(IDC) : '10년 2.5% → '13년 8.1% → '20년 11.7%이며, 스마트폰 어플리케이션 시장 전망 : '10년 68억불(45억건) → '13년 295억불(216억건).

[그림 1-6] 벤처기업의 글로벌 시장 성공사례

핀란드의 새로운 아이콘: 앵그리버드

앵그리버드 홈페이지

▶ 핀란드의 모바일 게임 앵그리버드(Angry Birds)를 개발한 로비오가 새로운 벤처신화의 아이콘으로 부상
  - 앵그리버드는 2009년 말~2011년 말 5억건 이상의 다운로드 수를 기록하는 등 세계적인 성공을 거두었는데, 이를 통해 핀란드에서는 창업에 대한 인식이 변화
  - 2011년 3월 로비오는 2곳의 헤지펀드와 1곳의 엔젤펀드로부터 총 4,200만 달러의 투자를 확보하고 이를 바탕으로 사업을 확장
▶ 핀란드 정부는 로비오와 같은 중소 벤처기업을 적극 지원해 핀란드 대표기업 노키아의 공백을 메운다는 전략
  - 엔젤투자에 대한 세제 혜택 제공, 기업가정신 교육, 벤처기업 투자 확대 등

출처: 김득갑, 북 유럽경제에서 배우는 교훈, 2012. 3.

♣ **참고자료: 이민화, 미래의 일, 창조·재미·윤리가 핵심이다**

20세기 초 80%가 넘던 농업 종사자 비율은 이제 5% 미만에 불과하다. 저명한 미래학자 토마스 프레이는 2030년 20억 개의 일자리가 사라질 것이라 예측했다. 기술 변화가 가속화되면서 미래 10년은 과거 100년의 변화를 압축할 것이다.

미래 변화의 핵심은 시간, 공간, 인간이 융합하는 천지인 융합이다. 소셜 네트워크와 웨어러블은 인간을, 사물인터넷(IoT)과 3D프린터는 공간을, 클라우드와 빅데이터는 시간을 융합시킨다. 그 결과 시간, 공간, 인간이 온라인과 오프라인에서 융합하는 O2O(Online to Offline) 세상이 열리고 있다.

가상과 현실이 융합하는 미래 세상에서 모든 것은 연결되고 전체는 집단지능화된다는 것이 '호모 모빌리언스'에서 주창한 내용이다. 이러한 세상에서 미래 직업은 과연 어떻게 변화할 것인가. 천지인 융합의 관점에서 초연결과 인공지능이라는 미래 직업 변화의 핵심 동인을 살펴보기로 하자.

산업혁명이 시작되면서 기계가 인간의 단순노동을 대체했듯, 새로운 기술들은 인간의 영역을 지속적으로 대체해 나가기 시작할 것이다. 그 변화는 우선 소셜 네트워크와 플랫폼 기술이 스마트폰과 융합하는 초연결 혁명에서 시작된다.

우버는 자동차를, 에어비앤비는 집들을 연결한다. 유통은 본질적으로 정보의 비대칭에서 수익을 얻어 왔다. 연결 플랫폼은 정보의 비대칭을 개방과 공유로 극복하면서 전통 유통시장을 대체해 나갈 것이다. 예를 들어 부동산 중개업은 '직방'과 같은 플랫폼 산업으로 대체된다. 과거 정보의 비대칭을 통해 수익을 얻던 직업들은 초연결 플랫폼들에 넘겨주게 될 것이다.

미디어 산업도 이 범주에 속한다. 전통적인 미디어는 1인 미디어, 소셜 미디어 등으로 대체될 것이다. 가장 큰 연결 조직인 정부도 급격한 변화의 소용돌이에 들어갈 것이다. 정부는 개방과 공유의 플랫폼으로 전환되고 직접 민주주의가 확대되면서 공무원은 급속히 감소할 수밖에 없을 것이다. 그리고 개인화된 매시업(Mashup) 서비스가 정부를 대체할 것이다.

초연결에 이어 집단지능은 법률가, 의사, 교사 등 소위 지식 전문가의 영역을 대체하게 될 것이다. 이미 IBM의 왓슨은 가장 어렵다는 폐암을 진단하고 있다. 인공지능은 판결문과 저널리즘도 대체하는 중이다. 기계가 단순노동을 대체하듯 인공지능은 지식서비스업을 대체하게 된다.

그렇다면 이를 대체하는 미래 직업은 무엇일까? 창조와 재미, 그리고 윤리의 세 가지가 미래직업의 중심이 될 것이다. 육체적 영역에서는 노동은 기계가 대치하고 놀이가 인간의 영역이 될 것이다. 스포츠, 놀이, 여행 등은 미래 유망 직업으로 떠오를 전망이다.

정신적 영역에서는 반복되는 지식의 영역은 인공지능으로 대치되고 예술, 게임, 프로그램, 기획, 창작 등은 인간의 영역이 될 것이다. 여기에서 게임은 가상과 현실을 연결하는 대단히 중요한 역할을 하게 될 것이다. 마지막으로 가상과 현실의 서로 다른 윤리를 결합하는 미래 윤리가 소중한 사회 안전망 역할을 하게 될 것이다.

출처: 머니투데이, 2015. 8. 24.

과 제

1. 여러분이 가지고 있는 벤처창업에 대한 열정(Passion)과 관심분야에 대해서 팀원들과 토론하시오.
2. 향후 없어지는 직업과 유망 직업에 대해서 토론하시오.

♣ **참고 자료: 토마스 프레이 '2030년 미래직업' 전망**

'미래학의 아버지'로 불리는 토마스 프레이가 지난 26일 방송된 <KBS1TV> 시사교양 프로그램 '오늘 미래를 만나다'를 통해 2030년 유망할 것으로 예측되는 '미래직업'을 소개했다. 세계 최대 인터넷 검색 서비스 기업 구글이 선정한 최고의 미래학자이며 유엔미래포럼이사인 프레이는 이날 방송에서 세상을 뒤흔들 혁신적 변화와 기술로 소프트웨어와 3D 프린터, 드론, 무인자동차를 꼽았다. 프레이의 강연 내용을 그대로 소개한다.

2030년까지 20억 개 일자리 사라진다

우리는 과거를 되돌아보는 사회에 살고 있다. 우리가 접하는 정보들은 사실상 '역사'다. 과거 이야기란 뜻이다. 하지만 우리는 여생을 미래에서 살게 된다. 결국 엉뚱하게도 뒤를 돌아보며 미래를 향해 가고 있는 형국이다.

미래는 우리 주변 모든 사람들의 마음속에서 만들어진다. 사람들은 결정을 내릴 때 미래 상황을 염두에 두기 마련이다. 보통 사람들은 현재가 미래를 만든다고 생각하지만 내 결론은 미래가 현재를 만든다는 것이다. 우리 머릿속에 있는 비전들이 현재 행동을 결정한다. 미래에 대한 비전을 바꾼다면 현재 결정 또한 바꿀 수 있다.

래리 페이지는 구글의 CEO다. 그는 기업의 실패 이유는 미래를 예측하지 못했기 때문이라고 말한 바 있다. 오늘날 많은 일자리가 자동화 때문에 사라지고 있다. 최근 나는 '기하급수적 역량법칙'이라는 개념을 논문에 썼다. 이 법칙의 첫 번째 원칙은 자동화가 이루어지면서 노력이 기하급수적으로 감소할 때마다 역량은 기하급수적으로 증가한다는 것이다.

이 법칙에 대한 이해를 돕기 위해 몇 가지 예를 든다면 첫 번째가 대중교통수단이다. 걷든 말을 타든 1850년대 교통수단의 평균 속도는 시속 6㎞, 한 사람이 일생 동안 이동하게 되는 거리는 평균 11만㎞에 불과했다. 1900년경이 되면서 평균 속도는 시속 12㎞로 증가했고, 1950년경에는 시속 36㎞까지 빨라졌다. 지금 보면 굉장히 오래된 구식 차량들을 이용한 셈이다.

2000년이 되면서 비행기를 이용하는 사람들이 늘어나 평균 속도가 110㎞로 증가했다. 2050년대에는 평균 시속이 무려 235~240㎞로 예상된다. 평생 동안 이동거리는 약 1100만㎞가 될 것이다. 불과 200여년 만에 평균 이동거리가 11만㎞에서 110

만㎞로 100배 늘어난 것이다. 이것이 기하급수적 역량법칙이다. 우리가 더 쉽고 빠르게 무언가를 하게 되면서 더 많은 것을 할 수 있다는 얘기다.

이번엔 좀 색다른 개념이다. '제로 변칙'이라고 내가 만들어낸 개념이다. 더욱 정밀하게 무언가를 관찰하고 추적하면 시작점, 즉 그 근원을 알 수 있다는 개념이다.

예를 들어 위성, 센서, 휴대전화 데이터, 사물인터넷 같은 기술들을 사용해 무언가의 근원을 파악하고 변화를 추적한다. 그렇게 하면 허리케인, 토네이도, 해일의 변화 시기를 알게 된다. 그것도 아주 초기단계에서 말이다. 한 예로 산불을 초기에 탐지할 수 있다면 진압도 아주 쉬워진다. 허리케인 역시 초기에 발견하면 쉽게 (피해를) 예방할 수 있다. 제로 변칙은 이런 자연재해의 진앙을 추적하는 것이다.

확장해 생각하면 정치 관련 부정부패도 파악할 수 있고, 건강과 질병 문제도 다룰 수 있다. 인프라 실패, 경제 및 환경 문제 등 각종 위험요소를 사전에 발견해 행동에 옮길 수 있다는 뜻이다. 오늘 강연을 통해 알려주고 싶은 것은 문제를 초기에 발견하면 큰 변화로 이어지고 발생할 수 있는 피해를 상당히 줄일 수 있다는 것이다.

내가 '촉매적 혁신'이라고 부르는 개념이 있다. 촉매적 혁신은 기존 산업을 와해시키는 파괴적 혁신과 달리 완전히 새로운 산업을 만들어 일자리를 만들어낸다. 전기, 자동차, 비행기, 사진, 전화가 촉매적 혁신에 해당된다. 모든 산업은 '벨커브(bell curve)'가 있다. 발생하고 성장하여 종국엔 쇠퇴한다는 것이다.

오늘날 가장 많은 돈을 벌어들이는 산업들은 사실 벨커브 중기단계를 지나고 있다. 적은 것으로 많은 결과를 내도록 압박받는 것이다. 미국의 철강 산업은 2024년 정점에 달할 것으로 보인다. 이 시점에 대체 재료를 개발하게 되고 전반적인 철강 수요가 줄어든다는 것이다. 사실 철강 산업 고용률은 1980년대가 절정이었다. 당시 미국의 철강 산업 종사자 수는 오늘날보다 3배나 많았다. 하지만 철강 생산량은 오늘날이 더 많다. 더 적은 노력으로 더 큰 결과를 내고 있는 것이다.

크리스티안 해먼드는 이런 얘기를 했다. 2030년이 되면 뉴스의 90%를 컴퓨터가 쓸 것이다. 마크 앤드리슨은 소프트웨어가 세상을 장악한다고 말했다. 벤처투자가 비노드 코슬라는 빅데이터가 의사 수요(80%)를 대체할 것으로 예측했다. 크리스 앤더슨은 3D 프린팅은 인터넷보다 큰 영향력을 발휘할 것으로 전망하고 있다. 나는 2030년까지 20억 개 이상의 일자리가 사라질 것으로 예측했다. 미래가 암울하다는 말이 아니다. 20억 개 일자리가 사라지면서 20억 명의 실업자가 생긴다는 얘기도 아니다. 과거보다 빠른 속도로 일자리가 대체된다는 뜻이다.

그렇다면 우린 어떻게 해야 할까. 많은 이들이 창고에 수평계를 갖고 있을 텐데, 지금은 스마트폰에서 애플리케이션을 내려 받으면 된다. 더 이상 수평계를 살 이유가 없어진 셈이다. 다시 말해 이 도구의 알루미늄 틀을 만들 사람도 필요 없고, 부속품을 만들거나 조립할 사람도 배송할 사람도 필요 없게 된다. 매장도 필요 없다.

앱을 내려 받을 때마다 일자리가 사라지고 있는 셈이다. 극소수라 할지라도 일자리가 사라지는 것이다. 수천억 개의 앱을 내려 받는다면 엄청난 수의 일자리가 사라지게 된다. 우버(공유 차량 중계 서비스)나 에어비앤비(세계 최대 숙박 공유 서비스)처럼 불과 몇 년 전에 등장해 큰 성장을 이룬 회사들은 중간 관리 단계를 없애고 소프트웨어로 사람을 대체했다. 코딩과 알고리즘을 사용해 관리를 대신한 것이다. 하지만 일자리가 없어졌다고 할 일이 없어지는 것은 아니다.

누군가는 일자리가 갑자기 사라질 거라고 말한다. 말도 안 되는 소리다. 할 일이 없어지는 게 아니다. 할 일은 여전히 많다. 하지만 일자리와 할 일이 일치하는 것은 아니다. 2030년엔 모든 뉴스의 90%를 컴퓨터가 쓸 것이라는 크리스티안의 예측은 이미 현실이 되고 있다. AP연합통신은 이미 분기당 3000여 개의 기사를 컴퓨터로 작성하고 있다. 올해만 1만5000개의 기사가 컴퓨터로 작성되는 것이다. 컴퓨터가 책상 위에 앉아 기사를 작성하진 않겠지만 방식은 비슷할 것이라 생각한다.

소프트웨어

그렇다면 다음 세대 일자리는 어디서 생겨날까. 바로 '미래 산업'에서다. 앞으로 어떤 미래 산업을 통해 일자리를 제공받을 수 있을지 알아보자. 마크 앤드리슨은 결국 소프트웨어가 세상을 장악한다고 예측한다. 세상을 뒤덮는 수많은 인프라의 중심에는 다층의 여러 소프트웨어가 있다. 사물인터넷도 소프트웨어로 움직인다.

사물인터넷은 2008~9년에 시작된 개념이다. 당시 한 네트워크 회사는 인터넷에 연결된 기기의 숫자가 전 세계 인구수를 앞질렀다고 발표했다. 당시 세계 인구가 68억 명이니까 인터넷 연결 기기가 68억 개 이상이라는 거였다. 2020년까지 500억 개의 기기가 인터넷으로 연결된다는 예측도 있다. 앞으로 불과 5년 밖에 남지 않았다.

동시에 센서 이동이 일어나고 있다. 지난해 미국 샌프란시스코에서 '1조 센서 회담'이 개최됐다. 세계에 1조 개의 센서가 존재하기까지 얼마나 시간이 걸릴 것인가를 파악하는 로드맵들이 발표됐다. 회담에서는 2024년경이라고 예측했고, 2036년까지 1002조 개 센서가 존재할 것으로 전망했다. 센서들이 더 작아지고 제조하기도 쉽고 굉장히 흔해질 것이란 뜻이다.

우리 삶의 많은 부분에서 큰 변화가 예상된다. 사물인터넷은 굉장히 놀라운 기계 형태로 속속 등장하고 있다. 나는 이것들을 '매혹적인 사물'이라고 부른다.

그 예를 들어본다. 첫 번째로 스마트 쓰레기통이다. 이 쓰레기통은 쓰레기를 버리면 자동으로 스캔해 해당 제품을 다시 주문한다. 이 스마트 거울은 옷을 입은 모습을 저장해서 다른 옷을 입어볼 때 서로 비교해볼 수 있게 해준다. 스마트 약통은 정해진 시간에 약을 복용해야 하는 사용자에게 빛을 발산해서 복용시간을 알려준다. 반응이 없으면 노래가 나오고, 그래도 약을 먹지 않으면 문자메시지를 보낸다.

기상예보 기능이 있는 스마트 우산은 현관 앞에 놔두면 자동으로 날씨를 예측한다. 비가 올 것으로 예상되면 손잡이 부분에서 불빛이 나와 우산을 잊지 않고 가져가도록 도와준다. 다음은 스마트 드론 카메라다. 모양은 시계 같지만 펼치면 스마트폰으로 조종할 수 있는 드론이 된다. 스마트 커피 메이커는 첨단기능으로 무장했다. 아침에 일어나 손을 얹으면 커피에 들어가는 최적의 카페인 함량을 계산한다. 설탕도 얼마나 들어가야 하는지 측정해준다.

우리는 이제 '가상증강현실' 세계에 진입하고 있다. 그 결과 주변에 모든 것을 인지할 수 있는 초인식의 세계를 만들어낸다. 가상증강현실은 새로운 앱으로 가능하다. 예를 들어 증강현실안경을 쓰고 길을 걷다가 지인을 만나면 화면에 그의 이름이 뜨고 갖가지 필요한 정보까지 제공한다. 세상에서 가장 똑똑한 사람이 되는 것이다.

안경뿐 아니라 스마트 콘택트렌즈는 우리에게 주변 상황에 대한 많은 정보를 보여준다. 많은 정보들이 교환되도록 한 장치인데, 당뇨환자의 혈당수치도 모니터할 수 있다. 이 그래픽렌즈를 착용하면 야간에도 환하게 볼 수 있다고 한다. 접시 위 음식들의 칼로리 섭취량과 몸무게 증가량까지 알려주는 스마트 기기도 있다.

빅 데이터가 의사 수요의 80%를 대체할 것이란 비노드 코슬라의 말은 센서의 기술을 의미한다. 몸에 착용해 신체에 일어나는 수많은 정보를 추적하고 주고받을 수 있게 하는 기술 말이다. 이런 소프트웨어 기술이 머지않은 미래에 창출할 직업은 ▲데이터 폐기물 관리자 ▲데이터 인터페이스 전문가 ▲컴퓨터 개성 디자이너 ▲데이터 인질 전문가 ▲개인정보 보호 관리자 ▲데이터 모델러 등이다.

데이터 폐기물 관리자는 데이터 저장소에서 불필요한 데이터를 제거하는 일을 한다. 한정된 저장 공간을 효과적으로 활용하기 위해 꼭 필요한 일이다. 개인의 데이터를 노리고 자신의 목적을 수행하려는 범죄에 맞서는 데이터 인질 전문가도 인기를 끌 직업이다. 기계 같은 컴퓨터 목소리가 지루하게 들린다면 컴퓨터 개성 디자이너가 역할을 할 것이다. 이런 직업들은 준비된 사람만 얻을 수 있다.

3D 프린터

여러분은 이미 3D 프린터에 대해 알고 있을 것이다. 내가 지난 1월 한 박람회에 갔을 때 처음 찾은 부스에서 나를 앉히더니 내 귀를 스캔했다. 그리고 3D 프린터를 통해 나에게 완벽하게 맞는 맞춤형 이어폰을 만들어줬다. 지금까지 사용한 이어폰 중 가장 편안했다. 몇 시간이 지나도 귀가 불편하지 않았다. 디자인이 멋있지는 않았지만 착용감만큼은 굉장히 좋았다.

이렇게 3D 프린터를 이용하면 우리에게 딱 맞는 제품들을 만들 수 있다. 이 기술은 보청기뿐 아니라 신발이나 의류에도 적용될 것이다. 초기엔 3D 프린팅 재료가 다양하지 않았다. 플라스틱이 주를 이뤘는데, 이젠 프린팅 재료가 300종이 넘는다. 한 컴퓨터회사에서 지난해 최첨단 3D 프린터를 출시했다. 3만 개가 넘는 스프레이 노즐을 사용해 풀 컬러 프린팅이 가능한 프린터다. 기존 프린터보다 10배나 속도가 빠른 데다 가격도 절반까지 저렴해져 대중화가 멀지 않아 보인다.

이탈리아의 마셀 아노에가 디자인한 2인용 전기차 '스트라티'는 2014년 3D 프린팅을 통해 불과 44시간 만에 완성됐다. 상상해보면 몇 년 후 옷가게에 가서 가장 먼저 할 일은 바디 스캔일 것이다. 고객의 신체 사이즈를 스캔하고 좋아하는 색깔과 스타일을 고르고 잠시만 기다리면 원하는 옷이 프린트된다. 먼 미래 얘기가 아니다. 지금 여러분이 보고 있는 게 3D프린터로 인쇄한 옷이다.

옷뿐만 아니라 신발도 가능하다. 여러분 모두 발이 다른데, 정말 딱 맞는 신발을 사는 건 굉장히 어려운 일이다. 각기 다른 재료와 레이어를 이용한 신발이 제작되고 있다. 3D 프린터로 만든 깁스처럼 골절을 당했을 때 본인의 팔에 완벽하게 맞는 맞춤형 깁스를 할 수도 있다. 다시 말하지만 창의성을 발휘할 수 있는 여지가 많아진 것이다. 개인적으로 가장 관심 있는 분야가 모발 프린팅이다. 디즈니사가 3D 프린팅 기술을 개발하고 있는데 아직 모발까진 아니라고 하지만 진행 중이라고 한다.

그런데 3D 프린팅은 많은 산업들을 와해시킨다. 보석과 의류, 음식, 주택, 의료, 유통, 건설 분야까지 말이다. 특히 건설 쪽이 아주 흥미롭다. 이 영상은 집 또는 건물 전체를 3D 프린팅하는 기술이다. 먼저 세라믹 레이어를 겹겹이 쌓고, 섬유유리로 강화한 콘크리트로 바꿔 작업을 한다. 몇 년 전 이 기술이 개발됐는데, 현재 네덜란드, 미국, 영국에서 3D 프린팅으로 집 전체를 짓는 회사들이 생겼다.

집 전체를 어떻게 지을까. 보는 것처럼 매우 정교한 첨단 기술이다. 그런데 갑자기 중국에서 3D 프린팅으로 하루 만에 집 10채를 완성한 회사가 나타났다. 평균 제작비용이 집 한 채당 겨울 5000달러(약 550만 원) 들었다고 한다. 3D 프린팅은 건설 산업 전체를 대체하기 직전까지 와있다. 미래에는 3D 프린팅으로 원하는 집을 지을 수 있다. 본인 소유 부지에서 단 하루 만에 원하는 집을 짓는다고 상상해보라. 내 생각엔 멀지 않은 미래에 우리가 살고 있는 집이 싫증나면 그냥 다시 프린트할 것 같다. 집을 청소할 필요도 없고 그냥 다시 프린트하는 것이다.

바이오 프린팅도 큰 주목을 받고 있다. 이것은 화상환자를 위한 3D 프린팅 스킨이다. 수술을 위해 3D 프린팅으로 정맥을 만드는 사람도 있다. 이제 여러분의 뇌를 스캔해 3D 프린터로 만들어 책상 위에 놓고 감상하는 일도 가능하다. 이 어린이는 3D 프린팅 의수를 착용하고 있다. 일반 의수보다 훨씬 적은 비용으로 만들 수 있는 의수다.

영국 글래스고대학의 리 크로닌 교수는 모든 의약품까지 3D 프린팅이 가능하다고 얘기한다. 이미 벨기에에선 알약 제조용 3D 프린터를 살 수 있다. 알약만 만드는 게 아니라 포장도 프린트할 수 있다. 그 외에 담낭과 심장 등 여러 장기를 줄기세포를 이용해 프린트할 수 있다고 한다. 크레이그 벤터는 머지않은 미래에 모든 생물 형태를 3D 프린팅할 수 있다고 주장한다.

이게 다가 아니다. 3D 음식도 만들 수 있다. 최근에는 미국 항공우주국(NASA)도 관여했다. 우주비행을 하는 데 다른 행성에선 음식재료를 구할 수 없기 때문이다. 우주로 갈 때 음식을 따로 챙겨가지 않아도 다양한 식단을 즐길 수 있는 것이다. 3D 음식 프린터로는 햄버거, 과자와 라비올리, 콘칩, 형형색색의 각설탕까지 만든다. 한 소비자 가전박람회에선 고객의 얼굴을 스캔해 3D 초콜릿을 만들었다.

크리스 앤더슨은 3D 프린팅이 인터넷보다 더 큰 영향력을 발휘한다고 했는데 이 말에 전적으로 동의한다. 그 이유는 물리적 경제가 디지털 경제보다 5~6배 크기 때문이다. 3D 프린팅 기술로 생길 미래 직업은 ▲3D 프린터 소재 전문가 ▲3D 프린터 비용 산정 전문가 ▲3D 프린터 잉크 개발자 ▲3D 프린팅 패션 디자이너 ▲3D 음식 프린터 요리사 ▲신체 장기 에이전트 ▲3D 비주얼 상상가 등이다.

드 론

아마존이 배송을 드론으로 하겠다는 발표가 생각날 것이다. 하지만 실제로는 아마존보다 중국의 알리바바에서 더 많은 진척이 있다. 일반 대중이 드론으로 택배를 받기까지는 시간이 좀 더 필요할 것 같다. 여전히 해결해야 할 문제가 아주 많아서다. 현재 A지점에서 B지점으로 이동하는 것은 자동화 시스템으로 가능하다. 사람이 직접 조정하면 굉장히 오래 걸릴 것이다.

한 회사가 식당에서 테이블까지 드론으로 음식을 서빙하는 기술을 개발했다. 드론의 크기는 매우 다양하다. 아주 작은 것부터 매우 큰 것도 있다. 마치 모터사이클처럼 사람이 탈 수 있는 드론도 있다. 특히 농업은 드론 기술을 매우 빠르게 적용하고 있다. 농약을 살포하거나 긴급 상황이 발생했을 때 구조용 드론도 있다. 누군가 실종됐을 때 구조팀과 함께 드론을 보내 장소를 찾아낼 수도 있을 것이다. 방송국에서도 드론을 활용하고 있다. 사고가 나면 드론을 보내 상황을 파악한다. 비행기 추락사고나 인질극이 발생했을 때 서로 경쟁적으로 드론을 보내려 할 것이다.

피터 디아만디스는 인터넷 연결기기가 2010년 20억 개에서 2020년 70억 개가 된다고 예상했다. 얼마 전 구글이 인수한 회사 타이탄의 태양광 드론이 그 예상을 현실화한다. 페이스북도 어센타(영국의 무인항공기 개발 회사)라는 유사기업을 인수했다. 어센타의 드론은 항로보다 훨씬 높은 고도에서 비행한다. 기상과 교통 패턴에 대해 파악할 수 있고 한 번 날면 5년 동안 대기에 머물 수 있다. 이 드론들은 전 세계 와이파이와 연결할 수 있도록 설계됐다. 이런 기술은 현재 개발 중이다.

구글은 한 단계 더 나아가 인공위성 회사 스카이박스를 인수했다. 스카이박스는 태양광 드론을 연결해 우주를 통해 모든 커뮤니케이션 연결 고리를 완성해서 우주를 커버하는 시스템을 구축 중이다. 이 분야에서 생길 미래 직업으로 ▲드론 분류 전문가 ▲드론 조종인증 전문가 ▲환경오염 최소화 전문가 ▲악영향 최소화 전문가 ▲드론 표준 전문가 ▲드론 도킹 설계자 및 엔지니어 ▲자동화엔지니어 등을 꼽을 수 있다.

무인자동차

무인자동차도 많은 일자리를 창출할 새로운 산업이다. 무인자동차 때문에 없어지는 일자리보다 새로 생길 일자리가 더 많을 것으로 예상된다. 자동차 브랜드들이 모터쇼에서 무인자동차를 선보이고 있다. 대부분의 자동차 회사들이 전담부서를 두고 경쟁적으로 기술을 개발 중이다.

무인자동차는 개인 맞춤형 대중교통수단이다. 아침에 집을 나서면서 학교든 쇼핑센터든 일터든 스마트폰에 목적지를 입력하면 무인자동차가 여러분을 태우고 가고 싶은 곳까지 이동을 한다. 다른 누군가를 더 태울 수도 있을 것이다. 차가 필요하면 차고에서 직접 꺼내는 게 아니라 언제든 시간에 맞춰 차를 부르면 된다. 굉장히 급진적인 사고의 전환이다.

이제부터는 그동안 자동차 제조사에서 강조했던 '운전자 경험 중심'에서 '탑승자 경험 중심'으로 초점이 바뀔 것이다. 신문을 읽을 수도 있고, 미래의 트럭엔 1000개의 눈이 달릴 수도 있다. 일어나는 상황을 빠짐없이 볼 것이다. 탑승자는 도로에 신경 쓰지 않고 다른 일을 할 수 있다. 뒤돌아 앉기도 하고, 차 안에 사무실까지 있어서 다른 일을 보면서 바쁘게 시간을 보낼 수 있다.

현재 일본에선 카라반 트럭을 시험 중이다. 첫 번째 트럭에만 운전자가 탑승하고 두 번째와 세 번째 트럭에는 차량 운전자가 없는 형태로 시범사업을 하고 있다. 무인자동차 기술 덕분에 차량사고, 부상, 사망률이 낮아질 것이다. 운전면허증이 없는 노령층, 장애우, 젊은이들에게 해방감을 안겨줄 것이다. 수많은 비즈니스 모델도 생겨날 것이다. 무인자동차 분야에서 ▲교통모니터링 시스템 플래너, 디자이너, 운영자 ▲자동 교통 건축가 및 엔지니어 ▲무인 시승 체험 디자이너 ▲무인 운영 시스템 엔지니어 ▲응급상황처리 대원 ▲충격 최소화 전문가 ▲교통 수요 전문가 등이 새롭게 등장할 전망이다.

미래 예측

마크 트웨인은 말했다. 고양이 꼬리를 잡고 다니는 사람은 다른 사람이 배우지 못한 것을 배운다. 맞는 말이다. 미래는 우리에게 달려 있다. 우리가 하기에 따라 미래의 모습이 달라지기 때문이다.

미래에 대한 몇 가지 예측을 말해주고 싶다. 사물인터넷은 절도를 근절할 것이다. 사물인터넷으로 가치 있는 것을 무엇이든 연결하고 우리 자신의 주인의식 네트워크를 형성해 무엇이 어디에 있는지 언제든 알 수 있게 된다. 무인자동차는 자동차가 처음 도입됐던 때만큼 대중교통을 크게 바꿀 것이다. A지점에서 B지점으로 가는 방식을 완전히 바꾸는 거다. 지금보다 훨씬 쉬워질 테니까.

2030년 대부분의 사람들은 스스로 3D 프린팅 의류를 입고, 3D 프린팅 주택에 살면서, 드론으로 택배를 받고, 한 대 이상의 로봇을 소유할 것이다. 프리랜서로 유연하게 일하고 무인자동차를 이용하는 일도 많을 것이다. 오늘날보다 3배 정도 교육수준이 높아지고, 성취 능력도 10배 증대된다. 실로 엄청난 변화다.

우리는 유래 없이 기회가 많은 시대로 진입하고 있다. 인류는 향후 20년 동안 역사상 가장 큰 변화를 겪을 것으로 예상된다. 위험 요인들은 기하급수적으로 증가할 것이다. 우리 아이들의 미래가 우리에게 달려 있다.

스티브 잡스는 말했다. 지금 바로 이 순간이 당신의 미래에 영향을 끼치고 있다. 하지만 때로는 인간의 노력이 기대에 못 미친다. 산산조각 날 때도 있다. 에디슨은 말했다. 대부분의 사람들이 기회를 놓치는 이유는 기회가 보통 작업복 차림의 일꾼 같아서 일로 보이기 때문이다.

출처: 폴리뉴스, 2015.4.30. (http://www.polinews.co.kr/news/article.html?no = 233938).

◈ 참고문헌

김득갑(2012. 3), 북 유럽경제에서 배우는 교훈, 삼성경제연구소.

머니투데이(2015. 8. 24), 이민화, 미래의 일, 창조·재미·윤리가 핵심이다.

매일신문(2015. 10. 1), 60대 창업증가.

빌 올렛(2014. 6), MIT 스타트업 바이블, 백승빈 역, 비즈니스 북스.

EBS(2015. 10. 5), 책 밖의 역사, 스티브 잡스, 직관을 따라가는 용기,
       http://home.ebs.co.kr/ebsnews/allView/10391175/N

위키피디아 한국.

정보통신산업진흥원(2012), IT 중소벤처기업 글로벌 경쟁력 강화방안.

폴리뉴스(2015. 4. 30), 토마스 프레이 '2030년 미래직업' 전망
       http://www.polinews.co.kr/news/article.html?no = 233938

Byers, Thomas H.(2013), Technology Ventures, McGraw Hill Third Edition.

Timmons, J.(1990), *New Venture Creation*.

2. 기업가 정신(Entrepreneurship)과 사례

구 분	주요내용
문제 제기	벤처창업에 필요한 기업가 정신이 무엇인가?
문제해결 중심내용 (Problem-based Learning)	- 기업가란 무엇인가를 이해한다. - 기업가 정신이 왜 중요한지를 이해한다. - 바람직한 기업가 정신은 무엇인가를 이해한다. - 다양한 기업가 정신 사례를 이해하고, 본인이 취하고 싶은 기업가 정신에 대한 중요요소를 정리한다.

Action 1   기업가(Entrepreneur)에 대해 이해한다.

[그림 2-1] 기업가에 대한 정의

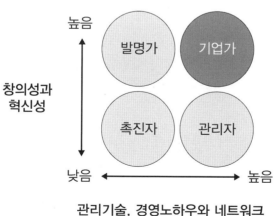

관리기술, 경영노하우와 네트워크

출처: J. A. Timmons(1990), New Ventures Creation.

발명가는 관리기술보다는 창의성 및 혁신성이 매우 높은 사람들이고, 반면에 관리자들은 창의성보다는 기업관리 측면에서 관리기술과 경영이 뛰어난 사람들을 말한다. 기업가는 발명가와 관리자 갖고 있는 두 가지 능력을 모두 가지고 있는 사람으로 기업의 이익을 위해 새롭고 이질적인 것 또는 혁신을 일으키고 새로운 가치를 창조하는 경영의 예술가를 말한다.

기업가에 대해 슘페터는 "기업가는 경제발전의 원동력이며 새로운 것을 파괴하고 새로운 전통을 창조하는 혁신가(innovator)"로 정의를 내리고 있으며, 상상력과 창조성에 대해 강조하고 있다. 그리고 드러커의 경우, 기업가에 대한 정의는 수퍼맨(superman)으로 비유하면서 최고경영자의 모델은 하나가 아닌 다양한 모델이 존재하여 다양한 역할을 할 수 있는 능력자로 인식하고 있다. 반면에 커즈너는 "수동적, 자동적, 기계적이 아닌 능동적, 창조적이고 인간적인 변화를 주도하고 변화의 모든 요소를 상호 조정하는 사람"으로서 협상과 거래를 하는 조정자(coordinator)의 역할을 강조하고 있다.

Action 2	기업가 정신이 왜 중요한지 이해한다.

과거 농업사회에서는 생산의 3요소인 토지, 노동, 자본 중 자연의 사이클에 의한 생산형태로 노동의 많은 의존을 통한 토지의 생산성에 기반한 경제이었으며, 산업혁명을 통한 공업사회에서는 자본과 기술의 투입을 통해 부가가치를 높여가는 수요와 공급에 의한 생산형태이었다.

최근 지식사회로의 변화로 생산요소로서 지식의 중요성이 강조되고 있으며, 지식의 변환을 통한 정보의 생산성을 증대시킬 수 있게 되었다. 지식경제의 특징은 다음과 같다.

[그림 2-2] 지식사회로의 변화

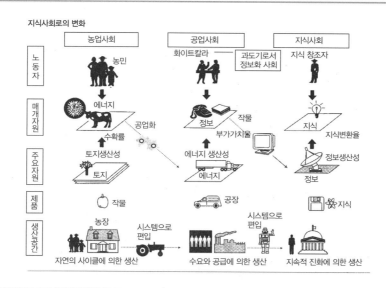

출처: 허명숙, 천면중(2007), 지식경영시스템, 한경사.

[그림 2-3] 지식경제의 특징

– Wikinomics : Wiki(협업) + Economics ← 군중의 참여에 의한 협업이 조직의
　　　　　　　　　가치창출과 같은 경제적인 부분에 영향을 미친다는 말
– 웹 2.0 : 이용자의 참여로 인해 정보와 지식을 생산·공유·소비하는 열린 인터넷
– UCC : 유저가 생산한 콘텐츠(User Created Contents)

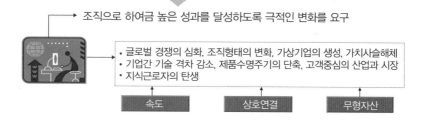

　개인 : 창의적인 지식과 아이디어에 의한 인터넷 기반 생활을 강화

　비즈니스 : 온·오프라인 경계 약화 → 새로운 제품 및 서비스 출현 가능

→ 조직으로 하여금 높은 성과를 달성하도록 극적인 변화를 요구

• 글로벌 경쟁의 심화, 조직형태의 변화, 가상기업의 생성, 가치사슬해체
• 기업간 기술 격차 감소, 제품수명주기의 단축, 고객중심의 산업과 시장
• 지식근로자의 탄생

속도　　　상호연결　　　무형자산

출처: 허명숙, 천면중(2007), 지식경영시스템, 한경사.

첫째, Wiki(협업)와 경제(Economics)의 합성어인 위키노믹스가 보편화되고 있어, 군중참여에 의한 협업이 조직의 가치창출에 영향을 미치고 있다. 둘째, 이용자의 참여로 인한 정보와 지식이 생산, 공유, 소비되는 열린 인터넷 세상인 웹 2.0이 이미 되었고, 셋째, 이용자가 생산한 콘텐츠인 UCC가 인터넷 기반 생활을 강화하고 있고 온라인 오프라인 경계가 약화되어 새로운 제품 및 서비스가 제공되고 있다. 심지어 Peter Drucker는 "과거에는 자원과 노동이 없는 나라가 발전 못했듯이 미래에는 지식이 없는 나라는 망할 것이다"라고 말할 정도로 지식의 중요성이 강조되고 있다. 지식은 상속이 안 되고, 신분의 수직 상승도 가능하게 하고 있으며, 지식 근로자 1인 기업도 등장하게 하였다.

이에 따라, 지식산업, 지식경제로의 전환으로 새로운 사업기회가 많이 생기고 있으며, 경제구조가 고도화되고 경쟁이 심화됨에 따라, 지속적인 혁신을 위해서 기업가적인 결단과 실행력이 필수적이 되었다. 또한, 치열해지는 글로벌 경쟁 하에서 환경변화에 신속하고도 혁신적인 행동과 의사결정을 위해서는 보다 더 기업가 정신의 중요성이 강조되고 있다.

Action 3   바람직한 기업가 정신은 무엇인가 이해한다.

바람직한 기업가 정신으로는 크게 혁신 추구성(innovativeness), 위험 감수(risk-taking), 진취성(proactiveness), 인간중심(human-oriented) 등을 들 수 있다. 기업가는 조직내의 직원관리, 정보관리, 의사결정 등 일상적인 역할도 중요하지만, 기업의 비전을 제시하는 혁신적인 통찰력(insight)을 요구하며, 상황에 따라서는 전략적인 리더쉽을 가지고 위험을 감수해야 하며, 전략적인 우선순위에 따라 자원배분을 통한 행동력인 진취성(proactiveness)을 보여야 한다. 또한 조직관리에 있어서는 인간중심으로 감성경영도 필요하다.

[그림 2-4] 바람직한 기업가 정신

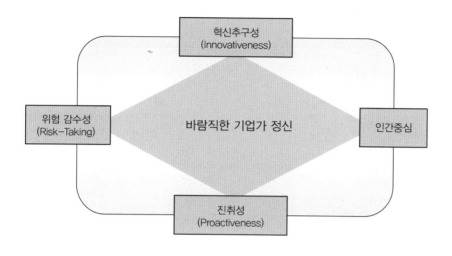

출처: 권태형(2007), 벤처 창업론, 시그마 경영전략㈜.

Action 4   다양한 기업가 정신 사례를 이해하고 본인이 취하고 싶은 기업가 정신 중요요소는 무엇인지 정리한다.

♣ 사례 1: 빌 게이츠

도전과 개척 정신 :

젊음의 패기와 열정으로 20세에 Microsoft사를 창립하였으며, 변화와 혁신의 주도자로서 역할을 수행하였고, 시장 확대에 대한 강한 집념을 보유하고 있다.

오늘보다는 내일이 좋아진다는 확신과 도전의 생산성 향상 정신이 실현되었으며, 소프트웨어가 하드웨어를 구동시키고 바꾼다는 신념을 구현하였다는 측면에서 도전과 개척 정신이 뛰어났다.

자신의 분야에서 최고가 되고자 하는 일 등 기업주의 경영사상을 가지고 있으며, 시장에서 먼저 움직이지 않으면 시장을 뺏긴다는 강한 정신적 신념을 소유하고 있다.

빌 게이츠의 기업가정신은 도전과 개척 정신, 근검/절약 정신, 일등 기업주의 정신, 분석력과 예측 능력이 대표적이다.

① 우수한 인재 발굴 전략
• 기술과 사업을 충분히 이해하는 CEO를 발굴하여 같이 일한다.
• 제품시장과 사업부문 전반에 걸쳐 조직을 유연하게 구축한다.
• 기술과 사업을 깊이 이해하는 우수한 관리자와 종업원을 채용한다.

② 창조적 인력과 기술 관리 전략
• 기능별 전문가를 두고 팀에 중복 참여하게 한다.
• 전문가 스스로 연구영역을 규정하여 필요한 인력을 채용한다.
• 실습과 조언을 통해 신입사원 교육을 강화한다.
• 기술 인력을 지원, 포상하기 위해 경력체계와 직능별 제도를 확립한다.
• 승진제도를 만들고, 특별히 직능별 승진제도를 구축한다.

③ 제품의 표준화로 경쟁력을 확보하는 전략
• 표준을 주도하는 좋은 제품으로 거대 시장 개척에 조기 진입하거나 새로운 시장개척에 주력한다.
• 신제품을 점차적으로 증대시키면서 주기적으로 구형제품은 용도 폐기시킨다.
• 신제품을 기존 제품들의 연계성을 꾀하면서 표준 제품 공급자로서의 위치를 최대한 활용한다.
• 새로운 시장에 진입하기 위하여 제품들을 통합하거나 확장하고 단순화시킨다.

출처: 곽원섭, 김연정(2008), 벤처기업과 미래선도사업, 글누림 문화콘텐츠 총서 18.

♣사례 2: 스티브 잡스

2009년 미국 경제전문지 '포춘(Fortune)'은 애플의 CEO 스티브 잡스를 '지난 10년간 최고의 CEO'로 선정했다. 포춘은 "스티브 잡스가 컴퓨터와 음악, 영화 및 이동전화 등 4개 분야에서 이룩한 혁신적 성공 스토리는 일찍이 들어보지 못한 이야기"라면서 "그를 최고의 CEO로 뽑은 것은 놀랄 만한 일이 아니다"라고 밝혔다.

2. 기업가 정신과 사례 **33**

전 애플 수석부사장이었던 저자 제이 엘리엇은 스티브로부터 배운 것 중 가장 가치 있는 리더십 교육에 대해 이렇게 답했다.

"다른 무엇보다 제품과 사용자에 집중하라는 것입니다. 또한 스티브 잡스는 팀원들의 역량 그 이상으로 일을 해낼 수 있도록 그들에게 열의를 불어넣고 싶어 했습니다. 시장을 창출하고, 시장을 선도하며 흔들리지 않고 길을 걸어갈 수 있도록 비전을 심어 준 것입니다."

장기적인 비전을 제시하는 리더

스티브는 자신의 리더십 원칙에 대해 "팀이 어떤 모습을 보일 수 있는지 더욱 공격적인 비전을 제시함으로써 팀을 밀어붙이고 그들을 더 나아지게 만드는 것이 내 몫"이라고 말했다.

한편 스티브는 자신을 대신할 대리인을 키우는 일과 직원들을 자신의 비전에 동참시키는 일을 무엇보다 우선해왔다. 그는 "사회를 바꾸어놓을 정도로 훌륭한 제품을 만드는 과정은 제품 개발로 시작되지 않고 비전에서 시작된다"며 비전을 강조했다. 별나기로 유명했던 잡스와 함께 일한다는 것은 누구에게나 결코 쉽지 않은 일이었지만, 사람들이 그를 따랐을 때 늘 기대와 예상을 훨씬 뛰어넘는 결과를 낼 수 있었던 것은 스티브의 비전 덕분이었다. 스티브가 직원들을 괴롭힌 것은 보다 완벽한 제품, 소비자는 상상조차 할 수 없었던 놀라운 제품을 만들기 위해서였다. 스티브는 결코 '떼돈을 버는 대박제품을 만들자'고 말하지 않았다. 대신 '우주에 흔적을 남기는 굉장한 물건을 만들자'고 직원들을 독려했다. 매킨토시를 만들 때에도 그는 '우리는 단순히 획기적인 컴퓨터를 개발하고 있는 것이 아니라 미래 세계를 위한 초석을 다지고 있다'며 팀을 다독였고, 스티브가 눈에 보이듯 제시한 비전은 정말 현실이 되었다. 우수한 인재들이 애플을 떠날 수 없었던 것은 꿈을 현실로 만들어내는 스티브의 비전 때문이었다.

완벽을 향한 리더의 열정

스티브 잡스야말로 세계 최고의 소비자다. 스티브는 자신이 소비자로서 만나고 싶은 제품만을 애플의 제품으로 만들고 싶어 했다. 그는 소수가 아닌 소비자 모두를 위한 컴퓨터, 즉 퍼스널 컴퓨터를 만들고 싶어 매킨토시를 만들었고, 음악을 사랑하는 그가 어디서나 마음껏 음악을 듣고 싶다는 욕망 때문에 아이튠즈 뮤직 스토어와 아이팟을 만들었다. 그리고 휴대폰이 편리한 물건이지만, 너무나 무겁고 사용하기 어렵고, 예쁘지 않아서 이런 불만을 해소하기 위해 아이폰을 만들었다.

스티브가 직원들에게 폭군처럼 엄격하고 강압적이며 냉혹하게 했던 것도 그의 열정 때문이다. 제품에 대한 열정 때문에 직원들에게 폭군으로 비춰졌다는 것이다. 스티브는 일에 대한 열정에 대해 이렇게 말했다. "진정으로 열정을 느낄 만한 뭔가를 찾기 전까지는 차라리 웨이터 조수나 그 비슷한 일을 하는 게 낫다. 성공한 기업가와 그렇지 못한 기업가의 차이 가운데 약 절반은 끈기다." 그 끈기를 있게 하는 것이 바로 열정인 것이다.

완벽한 제품을 향한 리더의 열정은 조직을 움직이게 한다. 책 <인사이드 애플>의 저자 애덤 라신스키는 "애플 직원들은 누구나 '미션'을 성취하기 위해서 일한다고 한다. 어떤 곳에 가서 주위를 둘러봤을 때 모두 자신이 만드는 제품을 쓰고 있는 것을 발견하는 것만큼 짜릿한 일이 없다는 것이다. 재미가 없을 수도 있다. 하지만 충분히 회사에 남아있을 이유는 된다"고 말했다.

리더보다 나은 인재 채용

스티브 잡스의 인재채용에 있어 "반드시 A급 인재만 채용하라"고 고집했다. 'B급을 몇 명이라도 채용하면, 결국 B급, C급도 채용하게 되면 곧이어 회사 운영이 결딴나게 된다'고 지적했다. 한편 능력 있는 사람들끼리는 서로 알고 지내는 법, 스티브는 유능한 A급 인재 후보자의 공급처를 회사 직원들로 보았다. 그는 회사에 인재를 추천해줄 때 마다 직원들에게 500달러를 지급했다. 스티브의 인재 채용 과정은 다음과 같다.

1. 필요조건을 규정하라. 하지만 엄격하게 적용하지는 말라.
2. 팀 자체를 채용 과정의 일부로 만들어라.
3. 인재 찾기를 일상적인 방법으로 제한하지 말라.

스티브에게 면접자의 이력서는 관심 밖이다. 그는 면접자에게 "애플이 지금 어디로 가고 있는지 말해주세요", "회사에서 잘린 적이 있나요?"라는 질문을 던진 후 그들이 하는 말보다 반응을 살폈다. 즉 상대가 당황하는지, 의표를 찔렸는지, 진실을 말할지, 쩔쩔매는지 등의 반응을 살폈다. 당연히 애플은 외부의 헤드헌팅 업체를 이용하기보다는 자체적으로 인재를 선발한다. 결국 애플 문화에 적합한 인재를 뽑는 마지막 결정은 '이 사람에게 어떤 느낌이 들지?' 하는 "직감"을 근거로 하기 때문이다.

사람(소비자, 직원)에 대한 인문학적 통찰

스티브 잡스는 아이패드2의 출시를 위한 설명회 연설에서 "우리가 창의적인 제품을 만든 비결은 우리는 항상 기술과 인문학의 교차점에 있고자 했다. 기술과 인문학, 이 두 가지의 결합이 애플이 일련의 창의적인 제품을 만든 비결이다"라고 밝힌 바 있다. 그렇다면 애플 제품에는 어떤 인문학적 DNA가 들었을까?

애플은 제품을 만들기에 앞서 '포커스 그룹'을 만들지 않았다. 스티브는 평소 "고객의 말에 귀를 기울이지 말라. 고객들은 자신이 무엇을 원하는지 모른다"고 말했다. 발칙하기 짝이 없는 이 말은 잘 새겨들어야 한다. 스티브는 소비자의 니즈를 충족시켜주는 제품이 아니라 소비자가 '지금까지 이러한 제품 없이 어떻게 살았을까' 라는 생각을 하게 만드는 제품을 만들어서 보여줘야 한다고 생각한 것이다.

애플의 모토는 '다르게 생각하라(Think Different!)'다. 이 말의 의미는 기존 가전회사처럼 혁신을 기술에만 둘 것이 아니라 사용자인 사람을 감동시키는 혁신을 일으켜야 한다는 뜻이다. 이러한 '다르게 생각하기'는 애플 제품들의 비전과 안목에도 적용되었다. 최초의 퍼스널 컴퓨터인 매킨토시를 내 놓을 때 잡스는 "들어 올릴 수 없는 컴퓨터는 더는 컴퓨터가 아니다"라고 말하며 사무실 크기만 한 IBM 컴퓨터의 종말을 예고했다.

아이튠즈라는 플랫폼은 인간의 소유심리에 맞선 케이스라는 점에 주목해야 한다. 아이튠즈가 나오기 전만 하더라도 음반업자와 가수들은 '불법복제'를 어떻게 막을 것인가만 고민하고 있었다. 하지만 잡스는 문제는 인간의 소유욕망에 있다고 봤다. 그래서 스티브는 가수나 음반업자들처럼 불법복제자들에게 헛된 양심에 의거해 구걸하지도, 그들을 적발해서 처벌하려 하지도 않았다. 그 대신 잡스는 단돈 1달러에 채 10초도 되지 않아서 다운을 받는 아이튠즈라는 더 나은 환경의 제공이라는 새로운 인식의 틀을 제공해 '합법적인 다운로드 시장'을 창출했다.

스티브의 경영 스타일은 현대 경영학과는 큰 차이가 있다. 그러나 그의 경영방식은 단순한 애플의 놀라운 성공에 머물지 않고, 소비자의 생활 패러다임을 바꿔놓으며 애플을 세계 최고의 기업으로 끌어올렸다. 우리는 이러한 애플의 진화를 혁신(innovation)이라 불렀다. 애플의 혁신은 단순한 변화가 아니라 궁극적으로 '어떻게 해야 고객이 성공하도록 도와줄 수 있을까?', '무엇이 소비자를 흥분시키는가?'라는 질문에 대한 답을 찾는 경영의 총체였다.

출처: 제이 엘리엇, 왜 따르는 가 – 스티브잡스의 사람경영법, 2013. 9.

♣ 사례 3: GE의 잭 월치

잭 웰치는 개혁과 변화에 대해 확신과 스피드하게 실행에 옮긴 기업가이다. "GE 는 웅장한 초대형 유람선이지만, 민첩하고 수익성 높은 스피디한 보트가 되어야 한 다"고 하여 바늘에서 유조선까지 사업이 방대해서, 회사를 대표하는 냉 난방기 사업 매각 등 1등이 아닌 사업은 과감하게 포기를 하였다. 그리고 그는 기업 가치를 30배 이상 증가시켰고 수백 건의 기업인수를 하였으며, 5년 사이에 40만 명에서 30만 명 으로 감축하여 중성자탄이라는 별명도 얻었다. GE의 폐쇄적이고 은둔적인 문화를 변화시켰으며 4E로 대표되는 훈련으로 리더를 발탁하고 양성했다. 4E는 Energy, Energize, Edge, Execution을 말한다.

[그림 2-5] GE의 4E 리더쉽

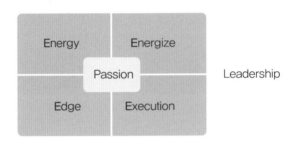

출처: Jeffery A. Krames, 잭 웰치와 4E 리더쉽, 2005.

첫 번째, Energy는 열정이다. 조직의 출발점은 리더이다. 모든 조직 혁신과 성장 의 원천은 리더의 에너지에서 나온다. 뜨거운 열정과 에너지의 소유자 웰치는 그 스 스로 열정과 에너지가 넘치는 사람들을 주변에 끌어 모았다. 둘째, Energize는 리더 가 에너지를 불러일으켜야 되는 것이다. 본인은 에너지를 발휘하지만 그럴수록 구성 원들을 주눅들게 하는 리더가 있다. 리더가 너무 독주하면 구성원들은 방관자가 되 어 수동적으로 시키는 일만 하게 된다. 4E리더는 독주하는 리더와는 근본적으로 다 르다. 부하들을 자신과 닮게 만드는 리더, 이것이 4E리더의 강점이자 흉내내기 어려 운 부분이다. 에너지를 끌어내기 위해서는 다소 무리한 듯 싶은 과감한 목표가 설정 되어야 한다. 웰치는 이를 '스트레치 비전'이라고 불렀다. 쉬운 목표인 8을 시도해서 그것을 100% 달성하는 것보다 어려운 목표 12를 시도해 10을 달성하는 것이 더 낫다는 것이다. 셋째, Edge는 결단력을 의미한다. 역설적 상황에서 이를 회피하지 않고 정면으로 결단을 내리는 힘이다. 경영이란 한 마디로 패러독스의 관리라고 할 수 있다. 웰치는 바이탈 곡선을 통해 모든 간부들에게 부하 중 10%를 매년 해고하도록 강요했다. 마지막으로 Execution은 실행력이다. 아무리 잘 짜여진 전략이라도 이것이 성과로 연결되기 위해서는 실행이라는 과정이 필요하다. 전략이란 실행에 옮겨지는 과정에서 예기치 못한 장애물, 상황 변경 등에 봉착한다. 이때 강력한 의지를 가지고 끈질기게 목표를 달성하려는 책임감, 그리고 상황변경에 따른 전략 수정이 요구된다.

♣ 사례 4: 이순신 장군

이순신 장군은 인력과 배, 무기, 식량의 부족, 모함과 핍박 속에서 스스로 무기와 식량을 조달하고 거북선을 개발하고, 새로운 진법과 탁월한 전략을 구사하여 23전 23승을 이끌어 낸 위대한 리더이다. 40차례 해전에서 3회를 빼고 숫자적으로 유리한 상태를 만들어 놓고 전투(예를 들어, 옥포해전에서 91척의 배로 왜선 30여척을 상대해 26척 침몰)를 하였으며, 유리한 장소와 시간을 주도적으로 선택했고 지형의 이점을 활용하여 이기는 싸움(먼저 이겨놓고 나중에 싸운다)을 벌인 대표적인 장군이다.

이순신 장군을 기업가 측면에서 정리해 보면 다음과 같다.

✔ 핵심역량의 구축(문무겸비와 병법의 통달)
✔ 공정한 평등 실천(종들의 공로포상, 엄격한 군법적용)
✔ 무에서 유를 창조하는 기업가정신(백의종군, 빈손으로 수군을 재건)
✔ 리스크 관리 철저(무모함을 거부하고 위험을 최소화하는 전략구사)
✔ 게임의 규칙 변경(거북선 발명해 전장의 투입)
✔ 기록정신(난중일기 등)
✔ 마음을 비우고 겸손함

출처: 이주성(2009), 기술 경영 전략 Plus, 경문사.

♣ 사례 5: 세종대왕

✔ 갈등해결의 전문가
－한글창제는 한자문명에 대한 정면도전
✔ 스피드 경영
－젊은 학자 10명으로 팀을 짜서 빠르게 한글 반포
✔ 창조정신
－한글은 세계의 어느 다른 글자를 모방한 흔적도 없고, 무에서 유를 창조
✔ 벤처정신
－혼천의, 자격루, 세계최초의 측우기 등
✔ 의지를 관철시키는 추진력과 신념
✔ 백성과 신하 등 조직 구성원들을 돌보는 인간존중의 사상

출처: 이주성(2009), 기술 경영 전략 Plus, 경문사.

♣ 사례 6: 리차드 브랜슨

✔ 버진 아일랜드 여행 중 돌아오는 비행기편이 취소
✔ 전세기를 빌려 목적지가 같은 여행객들에게 편도 39달러에 티켓 판매
✔ 이 경험으로 아이디어와 차별화된 서비스만 있으면 선점업체가 있어도 시장을 뚫을 수 있다고 생각
✔ 음반사 사장이 1984년에 Virgin Air로 파격적인 서비스와 저렴한 요금으로 영국 2위 항공사로 성장
✔ "대기업은 돈을 먼저 쓰고 두뇌를 사용한다, 창의적인 기업가는 두뇌를 써서 먼저 문제를 해결하고 나중에 돈을 쓴다"
✔ 우주 항공 산업에까지 사업영역 확장

출처: 이주성(2009), 기술 경영 전략 Plus, 경문사.

♣ 사례 7: 제임스 다이슨

"저는 그저 제대로 움직이는 기계(machine)를 만들고 싶은 사람입니다. 아름답게 포장된 제품(product)을 만드는 사람이 아니에요. 좀 더 좋은 성능을 가진 가전제품을 만들고 싶었습니다."

제임스 다이슨(Dyson·68) 다이슨사 창업주는 3년 전 최고경영자(CEO)라는 직함을 벗어던졌다. 그리고 다시 엔지니어로 돌아왔다.

▲ 제임스 다이슨 창업주 '날개 없는 선풍기'와 '먼지 봉투 없는 진공청소기' 등을 개발해 '영국의 스티브 잡스'로 불리는 그의 인생은 한 편의 영화 같다. 시골의 평범한 가정에서 태어났지만, 영국 여왕보다 더 많은 땅을 가진 억만장자가 됐고, 영국 왕실로부터 기사 작위까지 받았다. 그러던 그가 현재 "가장 즐거운 일을 하고 싶다"며 연구실에서 신제품 개발에 몰두하고 있다.

CEO가 돌연 엔지니어로 복귀한 뒤 다이슨 실적은 더 좋아졌다. 올 상반기 다이슨 매출은 작년 동기 대비 20% 증가했다.

▲ 날개 없는 선풍기 겸 공기청정기(좌측)와 진공청소기(우측)에 모인 먼지를 제거하는 모습 런던에서 기차로 2시간 정도 떨어진 맘스버리라는 작은 도시의 다이슨 본사에서 제임스 다이슨 '수석 엔지니어'를 만났다. 2층에 있는 다이슨의 사무실은 다른 직원들이 한눈에 보이는 통유리로 된 방이었다. 지나다니는 직원들도 안을 쉽게 들

여다볼 수 있었다. 사무실 곳곳에는 실험 중인 프로토타입(시제품)이 널려 있었다.

인터뷰에 앞서 다이슨은 개발 중인 진공청소기의 성능을 보여주고 싶다고 했다. 바닥에 직접 시리얼 한 줌, 밀가루 한 줌을 뿌리더니 직접 청소기를 들고 시연했다. 깨끗해진 바닥을 가리키며 그는 환하게 웃었다. "정말 좋은 제품이지요? 이렇게 청소를 잘해야 제대로 된 진공청소기라고 할 수 있지요."

마케팅은 눈속임(gimmick)일 뿐… 브랜딩도 필요 없어

▲ 진공청소기로 천장을 청소하는 모습 — 경영자에서 다시 수석 엔지니어가 되셨습니다.

"저는 늘 엔지니어였고 연구할 때 가장 즐거운 사람입니다. 수석이라고 굳이 불리는 것도 민망하네요. 다른 엔지니어들과 동등하게 연구실에서 제품 개발 업무를 하고 있습니다. 저는 누구나 가장 자신 있고, 즐거운 일을 해야 한다고 생각합니다. 저는 스스로가 CEO보다는 엔지니어로서 더 훌륭한 역할을 수행할 수 있다고 생각하기 때문에 이런 결정을 내린 겁니다. 사람을 관리하는 것보다는 기술 자체가 좋고 연구실에서 보내는 시간이 가장 즐겁습니다.

혹시 아시나요? 엔지니어는 모든 직군 가운데 가장 행복 지수가 높다고 합니다. 매일 새로운 것을 창조하는 직업이기 때문이지요. 조직의 구성원이 각자 가장 원하는 팀에서 즐겁게 일할 때 가장 좋은 성과가 나올 수 있다고 생각합니다."

— 직접 개발에 참여할 만큼 제품에 대한 애착이 큰 것 같습니다. 특별한 마케팅 전략은 없으신가요?

"저는 마케팅이 필요 없다고 생각하는 사람입니다. 마케팅은 포장 또는 술책에 지나지 않다고 봐요. 브랜딩이란 말도 사실 좋아하지 않아요. 소비자가 물건을 사는 것은 필요한 기능을 얻기 위해서지 물건 한편에 쓰인 브랜드 이름 때문이 아니라고 생각합니다. 사람들은 다이슨의 물건을 원하는 게 아니라 제대로 작동하는 청소기가 필요한 것이에요. 쉽게 말해서 진공청소기는 먼지를 잘 빨아들이고 청소만 잘하면 됐지 어느 브랜드에서 만들었는지가 중요한 게 아닙니다.

요즘 소비자들이 얼마나 똑똑해졌는지 아시나요? 과거엔 입소문만으로 어느 제품이 좋다고 추천하는 정도였지만, 이제는 전문적으로 제품별 기능에 대해서 분석하기도 합니다. 여러 회사 진공청소기를 사용해본 뒤 객관적으로 비교하기도 하지요. 요즘 소비자들은 상당히 현명해졌습니다. 별반 다르지 않은 기능인데 마케팅으로 화려하게 포장했다고 살 리가 없습니다.

하지만 여전히 많은 회사는 마케팅에 많은 투자를 하지요. 이는 좋은 제품을 만들어 내기보다 마케팅이 쉽기 때문이라고 생각합니다. R&D에 대한 투자는 보통 장기적으로 지속해야 하기 때문에 초조해지기 쉬워요. 10년이고 15년이고 기다려야 할 때도 잦고 아예 기약이 없기도 합니다. 이 때문에 당장 올해 또는 내년 매출과 직결되기는 어렵지요.

히트 광고 하나만으로 당장 다음 날 매출이 늘어나는 마케팅은 필수적인 경영 전략으로 알려졌지만, 마케팅에 기반을 둬 성장한 회사는 결코 롱런할 수 없습니다. 고객들도 시간이 지나면 평범한 제품을 과대 포장한 것에 불과함을 알게 되기 때문이지요. 지속적인 판매는 결국 물건의 유용한 기능 덕분이고, 이 때문에 R&D만이 유일한 장기적인 성공 전략입니다."

"혁신(innovation)이라는 표현 오·남용되고 있다"

― 다이슨은 늘 최고의 혁신 기업 중 하나로 꼽힙니다.

"저는 혁신이라는 단어를 좋아하지 않습니다. 수많은 기업이 혁신이라는 단어를 오·남용하는데, 이 점이 저를 매우 짜증 나게 하거든요. 진정한 R&D가 무엇인지도 모르고, 제품의 기술력을 과대 포장하기 위해 혁신이라는 말을 앞세우는 현실이 안타깝습니다. 혁신이란 말은 단순히 마케팅 용어에 지나지 않는다고 생각합니다.

저는 혁신보다는 '발명(invention)'이라는 말을 좋아합니다. 요즘 발명가라는 말은 잘 쓰이지 않는데, 저는 스스로를 발명가라고 부르길 좋아합니다. 발명은 기술적 도약을 이용해 기존의 방식을 바꾸고 기존에 없던 물건을 만들어 내는 것을 뜻하지요. 혁신처럼 대단하게 들리지 않지만, 제가 하는 일은 새로운 발명을 위한 끊임없는 도전이라고 말하고 싶습니다."

― '제품'이 아닌 '기계'라는 표현을 쓰는 것도 같은 이유에서인가요?

"네 맞아요. 저는 제품이라는 말도 잘 쓰지 않지요. 제품은 다소 상업적인 의미가 짙어요. 한때 제품은 제조업에서만 쓰던 용어인데 지금은 보험 회사도 소프트웨어 회사도 제품이라는 말을 씁니다. 물리적으로 물건을 만들지 않는 산업군에서도 서비스를 제품이라고 부르면서 이 단어 자체가 오용되고 있다고 생각해요.

저는 제가 개발하는 물건을 단순히 팔기 위한 제품이라고만 생각하진 않습니다. 물론 소비자에게 필요한 물건을 만든다는 것은 제품을 개발하면서 첫째로 염두에 둬야 할 사안이지만, '어떻게 해야 팔릴까'보다는 '어떻게 해야 기능을 개선할까'라는 생각을 먼저 합니다. 그래서 기계라고 부르는 것이지요. 기술과 연구가 더해져 나온 물건이라는 의미를 담은 것입니다."

― 최근 대중의 관심은 제조업보다는 디지털 산업에 집중되는 경향이 있습니다.

"네, 다소 속상한 부분이지요. 가장 큰 문제는 정치·사회적으로 대체에너지 등 더 중요한 문제보다는 스마트폰 같은 디지털 혁신에서만 활발한 논쟁이 이뤄지고 있다는 점입니다. 제조업과 관련된 공학, 그리고 발명이 중요하다는 사회적 인식이 다소 약해진 것 같아요. 많은 인재들도 현재 스포트라이트를 받는 디지털 관련 업체에서 일하고 싶어 합니다. 하지만 사회가 발전하기 위해서는 더 많은 발명가가 필요하고 이에 대한 지원이 늘어나야 합니다. 제조 기술이 세상을 바꾸는 핵심입니다. 그리고 창의적인 아이디어를 현실에서 구현해 내는 일을 하는 사람이 바로 엔지니어지요. 발명은 창의적인 엔지니어링과 행운이 합쳐진 결과로, 문제를 해결하려는 자세와 끊임없는 질문에서 나옵니다."

다이슨 본사에 들어서면 왼쪽 벽에 '제품은 제대로 작동할 때 가장 아름답다 (Something is truly beautiful if it works properly)'라고 쓰여 있다. 제품의 기능이 최우선이라는 철학이 담긴 문장이다.

— 로비 벽면의 문구가 인상적입니다. 하지만 요즘 애플 제품이 잘 팔리는 것처럼 디자인이 예쁜 게 중요하지 않나요?

"아니에요. 성능이 최우선입니다. 제대로 먼지를 흡입하지 못하는 청소기가 예쁘다고 무슨 소용일까요? 이 때문에 엔지니어는 제품을 만들 때 기능적인 목적을 달성하도록 해야지, 외형적으로 아름다운 것에 집착해서는 안 됩니다. 모서리 각도를 바꾸고, 로고를 달리하고, 다양한 색으로 칠하는 건 피상적인 변화일 뿐이지 제가 추구하는 바가 아닙니다. 겉모습은 결코 발명의 일부가 아닙니다. 방식 자체를 바꿔야 하고 이것이 엔지니어가 할 일입니다.

디자인에 대한 제 원칙은 '형태는 기능을 따른다'입니다. 기능을 먼저 생각하다 보면 자연스럽게 디자인이 나오게 된다는 것이지요. 최상의 성능을 제공하는 제품을 구상하다 보면 자연스레 좋은 디자인이 나오게 됩니다. 저에게 좋은 디자인은 겉모양이 아니라 그 제품이 어떻게 작동하는가입니다."

아무도 모르는 제품을 팔 때는 유머와 배짱이 필요해

—그래도 결국은 팔아야 할 것 아닌가요? 개발에 성공한 제품은 어떻게 팔아야 좋을까요?

"저는 처음 '먼지 봉투 없는 진공청소기' 개발에 성공하고 나서, 어떻게 팔아야 할지 고민했습니다. 청소기를 들고 소비자 하나하나를 찾아갈 순 없는 노릇이지요. 우선은 통신 판매로 주문하는 카탈로그에 제 제품을 실어야 했습니다. 카탈로그 담당자를 찾아가 저의 제품을 설명했는데, 그는 '흥미롭네요. 하지만 왜 내가 후버 (Hoover)나 일렉트로룩스(Electrolux) 제품을 빼고 당신의 제품을 넣어야 하나요?'라고 물었습니다. 저는 그때 이렇게 대답했습니다. '왜냐면 당신네 회사의 카탈로그가 너무 지루하기 때문이지요.'

그는 웃으며 제가 건방지다고 말했지만 아무도 모를 다이슨의 제품을 실어주기로 했습니다. 한 개 카탈로그에 제품이 실리자, 다른 카탈로그는 자연스럽게 다이슨 제품을 넣더라고요. 그리고 하나의 상점에서 여러 상점으로 판매망이 넓어지기 시작했습니다."

다이슨의 3가지 성공 방정식: R&D · 젊은 정신 · 100% 지분 보유

창업주가 경영에서 물러나 직접 제품 개발에 나설 정도로 다이슨의 가장 중요한 성공 전략은 R&D다. 다이슨사는 매년 순이익의 30%가량을 R&D에 투자한다. 지난해에는 매주 300만파운드(56억원), 올해는 더 늘어난 400만파운드(74억원)를 R&D에 썼다. 새로 짓고 있는 연구센터에 들어간 금액만 총 2조원 가까이 된다고 한다. 다이슨은 같은 맥락에서 차세대 엔지니어 양성에도 힘쓰고 있다. 오는 10월에는 임피리얼칼리지런던(ICL)에 다이슨 학과가 개설된다.

R&D에 대한 제임스 다이슨 창업주의 철학은 간단하다. 실패를 용인하고 장기적인 안목으로 기다려야 한다는 것. 그는 "엔지니어의 업무 점수는 얼마나 많은 실패를 했는지에 따라 매겨져야 한다"며 "더 많은 실패만이 성공으로 이어질 수 있다"고 강조했다. 아울러 그는 "R&D는 많은 실패를 거쳐야 하기 때문에 오래 기다릴 수 있는 참을성이 필요하다"며 "하나의 결과에 일희일비해서는 안 된다"고 조언했다.

젊은 직원이 많은 자유로운 기업 문화

다이슨 직원의 평균 나이는 26세. 그만큼 젊고 활기찬 기업 문화가 특징이다. 사내 식당에 들어서면 청바지 차림에 수첩과 연필을 들고 옹기종기 모여 있는 앳된 청년 엔지니어들을 쉽게 볼 수 있다. 이들은 어딜 가든 다이슨에서 제공하는 수첩을 들고 다닌다고 한다. 순간 떠오르는 아이디어를 놓치지 않기 위해서다.

다이슨 창업주는 대학을 갓 졸업한 인재를 선호한다. 경험이 적어 선입견 없이 일을 배울 수 있기 때문이다. 그는 "탐험하고 있다는 생각으로 업무를 즐겨야 창의적인 아이디어를 낼 수 있다"며 "사회생활을 해보지 않은 직원일수록 상상력이 풍부하고 자유로운 의사소통을 할 수 있다"고 말했다.

'즐겁게 일하자'도 다이슨의 철칙이다. 다이슨 창업주가 경영직에서 물러나 발명가로 돌아간 것도 같은 이유에서다. 그는 "내가 가장 잘하고 좋아하는 일이 제품 개발이기 때문에 굳이 경영자의 위치에 집착할 이유가 없다고 느꼈다"며 "모든 직원이 각자 자기가 원하는 직군에서 일해야 한다"고 말했다.

100% 지분 보유와 비상장 원칙

다이슨의 지분은 100% 제임스 다이슨 창업주와 그의 가족들이 가지고 있다. 앞으로 지분을 나눌 생각도, 주식시장에 상장할 생각도 없다고 한다. 다이슨에서 진행되는 프로젝트는 대부분 몇 년 이상씩 소요되는데, 매번 주주들의 입김 때문에 중요한 결정을 바꿀 수 없기 때문이다.

다이슨 창업주는 장기적인 안목을 가지고, 독립적으로 의사 결정을 해야 회사가 롱런할 수 있다고 말했다. 그는 "R&D에 기반을 둔 회사는 뚝심을 가지고 투자에 대한 결과를 기다려야 할 때가 많다"며 "매 분기 실적에 따라 주주들의 반응을 살피다 보면 회사가 한 방향으로 가기 어려워진다"고 말했다. 아울러 "여러 이해관계에 얽히다 보면 자유롭게 일할 수 없기 때문에 앞으로도 상장할 계획이 없다"고 했다.

출처: 마케팅 시크릿, [성공사례] 다이슨의 3가지 성공 방정식, 2015. 8. 24.
http://w.msecret.net/board/consulting/view/wr_id/2666/page/1

벤처기업은 변화를 통해 창조경영을 해야 하나 쉽지가 않다. 요즘처럼 치열한 시장에서 벤처기업이 성공을 거두기 어렵다는 말은 곧 적절한 변화를 이뤄내기가 어렵다는 말이다. 변화가 어려운 이유는 첫째, 사람들은 변화가 가지고 올지도 모르는 불이익을 두려워한다. 둘째, 변화는 현재의 습관과 현재 느끼는 편안함의 일부를 깨트림으로써 불균형을 가져오기 때문이다. 셋째, 조직의 구성원은 변화에 대한 충분한 설득이 이루어지지 않고 저항을 한다. 하지만 변화는 이제 기업의 성공여부와 관계있는 변수가 아니라, 기업의 생존에 직결되는 핵심요인이 되었다는 것을 인식해야 한다.

이제 벤처기업에 있어서 다른 회사의 벤치마킹은 더 이상 유효하지 않을 수도 있다. 왜냐하면 벤처기업은 시장에 있어서 추종자(Follower)가 아니라 시장을 선도하는 시장 선도자(First mover)이기 때문이다. 벤처기업은 더 이상 다른 회사를 모방하는 전략(Me-too strategy), 따라가는 전략(Catch-up strategy)으로 Free-rider가 되어서는 성공하기 어려운 기업 환경이 되고 있다. 특히 아이폰과 같이 정보통신 분야에서는 시장 선도자가 모든 시장을 장악하는 현상이 두드러지고 있다. 마이클 포터(마이클 포터, 2006 세계지식 포럼)는 한국의 경우, 현 단계에서 한 단계를 비약하기 위해서는 창조 및 독창성이 필요하다고 역설하고 있다.

과 제	영화 버티컬 리미트를 보고 기업가에게 필요한 기업가 정신이 무엇인지 토론하시오. http://philosophy78.blog.me/130088050758

◆ 참고문헌

곽원섭, 김연정(2008), 벤처기업과 미래선도사업, 글누림 문화콘텐츠 총서 18.

권태형(2007), 벤처 창업론, 시그마 경영전략㈜.

마케팅 시크릿(2015. 8. 24), [성공사례] 다이슨의 3가지 성공 방정식.
　　　http://w.msecret.net/board/consulting/view/wr_id/2666/page/1

이주성(2009), 기술 경영 전략 Plus, 경문사.

제이 엘리엇, 왜 따르는가 − 스티브잡스의 사람경영법, 2013. 9.

허명숙, 천면중(2007), 지식경영시스템, 한경사.

Jeffery A. Krames(2005), 잭 웰치와 4E 리더쉽.

J. A. Timmons(1990), New Ventures Creation.

http://philosophy78.blog.me/130088050758

3. 혁신유형과 사례(Innovation)

구 분	주요내용
문제 제기	혁신이란 무엇이고, 내가 제안한 창업아이디어는 어떤 혁신 유형에 해당되며 그와 유사한 혁신사례는 어떤 것인가?
문제해결 중심내용 (Problem-based Learning)	- 혁신이란 무엇인가를 이해한다. - 벤처창업을 위해서 필요한 혁신의 유형을 이해하고 그 유형에 대한 사례를 공부해서 적용한다.

Action 1	혁신이란 무엇인가를 이해한다.

가. 혁신이란

[표 3-1] 혁신의 정의

Innovation

Innovation is defined as invention that has produced economic value in the marketplace.

• Based on teamwork and creativity

• Is the commercialization of new technology

• Can include new products, new services, new ways of doing business

출처: Byers, Thomas H.(2013), Technology Ventures, McGraw Hill Third Edition.

혁신은 시장에서 경제적 가치를 생산하는 발명으로 정의를 내릴 수 있다. 또한 혁신은 혁신을 이끄는 팀워크와 창의성에 바탕을 두고 있으며, 새로운 기술에 대한 상용화이고, 혁신은 새로운 제품, 새로운 서비스, 새로운 비즈니스 방법도 포함된다. 여기서 발명과 혁신은 다르다. 발명은 새로운 제품 또는 과정을 만들기 위한 아이디어의 출현을 말하며, 혁신은 실제 사용을 위해서 수행하는 최초의 시도를 말한다. 즉, 발명이 혁신을 의미하지는 않는다. 발명이 혁신이 되기 위해서는 대부분 기업가정신을 통하여 혁신이 이루어지고 있다. 따라서 발명과 혁신 사이에는 시차가 존재하며, 발명가와 혁신가의 역할은 다르다고 볼 수 있다. 발명은 어디에서나 가능하지만, 혁신은 기업에서 상용화가 되어서 경제적 가치를 창출한다.

나. 기업혁신 이론

1) 슘페터의 혁신이론[7]

'혁신(innovation)' '창조적 파괴(creative destruction)' '기업가 정신(entrepreneurship)'으로 유명한 슘페터는 자본주의의 역동성을 대표하는 주역으로 부상한 기업가는 '새로운 결합을 능동적으로 수행하는 경제 주체'라고 정의하고 있다. 일상적 업무만을 처리하는 경영자는 기업가가 아니라는 것이다. 기업가는 획기적 방식으로 '새로운 결합'을 수행해 기존의 균형 상태를 뒤 흔든다. 이 새로운 결합이 즉 혁신인데, 슘페터에 의하면 혁신은 다섯 가지 유형으로 분류된다.

• 소비자들이 아직 모르는 재화 또는 새로운 품질의 재화의 생산
• 해당 산업 부문에서 사실상 알려지지 않은 생산 방법의 도입
• 새로운 판로의 개척
• 원료 혹은 반제품의 새로운 공급
• 독점적 지위 등 새로운 조직의 실현

이러한 새로운 결합, 즉 혁신은 과거의 지식이나 기술, 투자를 쓸모없게 만든다. 그가 강조하는 '창조적 파괴'라는 개념이 여기서 나오는 것이다(슘페터, 자본주의 사회주의 민주주의, 1942). 이러한 '창조적 파괴'의 사례는 기업의 역사에서 부지기수다. 1940

---

7) 정장열, "다시 슘페터다. '창조경제'의 답 '창조적 파괴'와 '혁신'에 있다", 주간조선, 2013. 6. 17. 재정리.

년대 프랑스 회사 미슐랭이 고속주행이 가능한 타이어인 레이디얼 타이어를 대량 생산하기 시작하면서 오랫동안 미국이 지배하던 타이어업계는 지각변동을 일으켰다. 레이디얼 타이어는 굿이어를 제외한 5곳의 타이어 대기업을 모두 도산시켰다. 1960년대 연간 4만2000대를 생산하던 도요타자동차가 새로운 조직 관리, 생산 방식을 탄생시키며 1980년대 230만대 생산이라는 경이적 생산량 증가에 성공하자 70년 동안 세계를 지배해온 디트로이트자동차 시대는 종지부를 찍었다. 슘페터는 이러한 창조적 파괴 행위가 자본주의의 역동성과 경제 발전을 가져오는 원동력이라고 강조한다. 슘페터에 따르면, 기업가는 좁은 의미의 경제적 동기만으로는 움직이지 않는다. 기업가가 혁신을 일으키는 동기는 단순한 돈벌이가 아니라는 것이다. 혁신에 성공한 기업가는 '추가 이윤'이라는 보상을 얻는데, 슘페터는 기업가가 가져가는 이러한 이윤이 자본주의 사회에서 유일한 잉여가치의 원천이라고 봤다.

그는 호황과 불황도 이러한 기업가의 출현과 관련지어서 설명한다. 그는 기업가의 '다발적' 출현이 호황기를 이끌어내는 단 하나의 이유라고 설명한다. "한 사람 또는 여러 명의 기업가가 출현하면 다른 기업가의 출현을 더욱 용이하게 만들어 그 수가 점점 늘어난다"(슘페터, 경제발전의 이론, 1912). 이러한 호황기 뒤에 찾아오는 불황은 새로운 균형을 찾아가는 과정이다. 즉 기업가의 이윤은 모방자들의 등장으로 인해 자연스럽게 소멸되며 균형 상태를 이룬다. 모방자들이 등장하는 데도 불구하고 더 이상 혁신을 하지 못하면 기업은 사양길로 접어든다. 슘페터에 따르면, 성공을 이룬 기업은 어느 한순간에만 기업가적이었고, 대부분 '혁신의 관료화'가 기업을 지배한다. 슘페터는 "관료주의적 절차와 지루한 위원회 따위가 천재들의 재능을 대신하게 된다"고 지적했다. 혁신 기업을 경쟁적으로 모방해 가격과 이윤이 떨어지면 불경기로 접어드는데, 이는 다시 나타날 경제적 붐의 시작이다. 이 같은 그의 경기순환론에서 불황은 호황으로 방만하게 몰려든 기업들을 정리해주는 과정이다.

2) Peter Drucker의 기업혁신[8]

현대경영학의 아버지인 피터 드러커에 따르면, 혁신은 기존의 자원이 부를 창출

---

8) 피터 드러커, 혁신의 7가지 원천과 원리(The Discipline of Innovation), 2002년, 하버드 비즈니스 리뷰.

하도록 새로운 능력을 부여하는 활동이라고 정의를 내리고 있다. 이러한 혁신기회의 원천에는 예상치 못한 성공, 불일치 현상, 프로세스상의 필요성, 산업과 시장구조의 변화, 인구변화, 인식의 변화 등이 있다.

첫째, 예상 밖의 사건은 혁신의 기회를 찾을 수 있는 가장 용이하고도 단순한 원천이다. 1930년대 초 IBM은 최초로 은행용의 현대식 계산기를 개발하였지만, 그 당시의 은행들은 새로운 장비를 구입하지 않았다. IBM을 구한 것은 예상 밖의 사건이었는데, 은행과 달리 자금에 여유가 있었던 뉴욕 공공도서관을 필두로 한 도서관들이 그 기계를 구입하길 원했고 그에 힘입어 IBM은 100대 이상의 기계를 도서관에 판매할 수 있었다. 15년 후 모든 사람들이 컴퓨터가 첨단 과학 작업을 위해 필요한 것으로 믿고 있었는데 기업들은 예상 외로 급료 대장을 처리할 수 있는 컴퓨터에 관심을 보였다. 이에 IBM은 기존의 기계를 재설계하여 기업이 원하는 것을 구현하여 예상 밖의 성공을 거두었고 그 결과 5년 만에 컴퓨터 업계의 선두 주자가 되었다.

둘째, 기대와 결과 사이의 부조화 상황이 혁신의 가능성을 열어 놓을 수 있다. 조선사들과 해운업체들은 20세기에 들어 50년 동안 노력한 결과 배의 속도를 높이고 연료소모를 줄이는 데 성공했지만, 해운업체들의 수익성은 더욱 악화되었다. 그러나 문제는 고비용이 해상의 작업이 아니라 항구에서의 낮은 노동 생산성에 기인한다는, 즉 해운업에 대한 가정과 현실 사이의 부조화 상황에 있었다는 사실을 경영자들이 몰랐던 데 있었다. 경영자들이 실제의 고비용 발생 원인을 이해함으로써 혁신의 대상을 분명히 파악하였고, 항구에서의 생산성을 높일 수 있는 롤온(roll-on) 및 롤오프(roll-off) 선박, 컨테이너선이 개발되었다. 이들 선박은 이미 30년 동안이나 철도 및 트럭 운송업체들이 사용하던 낡은 방식을 해운업체에 단순 적용한 것으로서 새로운 기술이 아닌 관점의 변경이었지만, 해운의 수익성을 높였고 해운업을 지난 20-30년 동안 주요 성장 산업 중 하나로 변모시켰다.

셋째, 프로세스 니즈이다. 오늘날 미디어라고 하는 것은 프로세스 니즈에 대응하여 1890년경에 개발된 두 가지 혁신에 그 기원을 두고 있다. 하나는 신문을 신속히 그리고 대량으로 만들 수 있게 한 Ottmar Mergenthaler의 라이노 타이프(자동 주조 식자기)이고, 다른 하나는 진정한 최초의 신문 발행자라고 할 수 있는 뉴욕 타임즈의 Adolph Ochs, 뉴욕 월드의 Joseph Pulitzer 및 William Randolph Hearst에 의해 발명된 사회적 혁신인 현대식 광고이었다. 광고는 이윤을 마케팅에서 얻도록 함으로써 뉴스를 무료로 유통시킬 수 있도록 하였다.

넷째, 산업 및 시장의 변화이다. 산업 구조는 하루 밤 사이에도 변할 수 있는데 이러한 변화가 엄청난 혁신의 기회를 만들어 낸다. 대표적인 미국 기업의 한 예가 DL&J(Donaldson, Lufkin & Jenrette)라는 중개 회사의 성공에서 찾을 수 있다. 이 회사는 세 명의 젊은이들에 의해 1960년에 설립되었는데, 이들 젊은이들은 기관 투자가들이 득세함에 따라 금융 구조가 바뀐다는 사실을 깨달았다. 이들은 자본도 연줄도 없었지만, 그들의 회사는 증권 유통 수수료 분야로의 이동 과정에서 선두 주자가 되었고, 월 스트리트에서 최고의 성과를 올린 기업 중 하나가 되었다. 이미 기반을 다진 회사들은 자신들이 이미 확보하고 있는 것을 방어하는 데 집중하여 신규 진입자가 도전할 때 역공을 펼치지 않으려는 경향이 있다. 또한 시장이나 산업 구조가 변할 때, 전통적인 산업의 선두 주자들은 급성장하는 시장 부문을 등한시함으로써 혁신자들이 오랫동안 내버려진 좋은 기회를 차지하게 된다.

다섯째, 인구통계적 변화이다. 일본인들이 로봇 공학에서 앞선 것은 인구 통계학에 주의를 기울였기 때문이다. 1900년경 즈음 선진국들의 모든 사람들은 출생률이 급저하하는 중에 교육 수요의 급증은 지속되고 젊은이들의 절반 이상이 고등학교 이후의 교육 과정을 밟고 있다는 사실을 알고 있었다. 결과적으로 제조업에서 필요한 전통적인 블루칼라 노동력이 감소했고 1990년경에는 부족하기에 이르렀다. 모든 이들이 알고 있었지만 일본인들만이 그러한 인구 통계적 변화에 맞추어 행동함으로써 오늘날 로봇 공학에서 10년이나 앞서게 되었다.

여섯째, 인식의 변화이다. "잔의 절반이 찼다"라는 것과 "잔의 절반이 비었다"라는 것은 동일 현상에 대한 같은 표현이지만 그 의미는 매우 다르다. 이러한 표현처럼 경영자의 인식 변화는 커다란 혁신의 기회를 제공하기도 한다. 예를 들자면 지난 20년 동안 미국인들의 건강은 신생아 사망률, 노인들의 생존율, 암 발생률(폐암 이외의), 암 치료율 등으로 볼 때 전례 없는 속도로 개선되어 왔다. 그렇지만 오히려 집단 우울증이 전국에 만연되었고, 전에 없이 건강에 대한 관심 또는 두려움이 확산됨으로써 갑자기 모든 것이 심각한 질병을 야기하는 것처럼 여겨졌던 것이다(잔의 반이 비었다는 인식). 미국인들은 건강의 획기적 개선을 기뻐하기보다는 죽을 날이 얼마나 남았는지를 강조하는 것처럼 보였고, 이러한 관점이 새로운 건강 잡지 시장, 운동 기구, 건강 식품 등에서 많은 혁신의 기회를 창출해 내어 왔다. 1983년에 가장 빠른 성장을 보인 미국의 기업은 실내 운동 기구를 제조하는 회사였다.

마지막으로 새로운 지식이다. 지식 기반의 혁신이야말로 기업가 정신의 수퍼스타 이지만, 모든 혁신들 중에서도 선행 시간(lead time)이 가장 길다. 새로운 지식의 출현 에서 새로운 기술, 시장에서의 제품화로 이어지는 선행 기간이 역사 전반적으로 보면 50년 정도이다. 또한 지식 기반 혁신은 한 가지 지식이 아니라 많은 다른 지식들을 필요로 한다. 지식 기반 혁신이 성공하기 위해서는 혁신을 가능토록 하는 데 필요한 여러 종류의 지식에 대한 주의 깊은 분석, 예정된 사용자의 니즈에 대한 사려 깊은 분 석이 필수적이며, 이를 통해 지식 기반 혁신에 대한 관리가 가능해진다.

그리고 혁신의 원리는 첫째, 의도적이고 체계적인 혁신은 새로운 기회의 원천을 분석하는 데서 시작되며, 둘째, 혁신은 개념적이고 인식적인 성질을 띠고 있기 때문에 혁신가가 되고자 하는 사람은 밖에 나가 묻고 들어야 하며, 또 성공하려면 좌우 뇌를 모두 사용해야 한다. 셋째, 혁신이 효과적이기 위해서 혁신은 단순하고 초점이 맞추어 져야 하고 그럼으로써 사람들에게 혼란을 주지 말아야 한다. 넷째, 효과적인 혁신들은 작게 시작된다(성냥곽에 동일한 수의 성냥을 넣는다는 기본적인 생각이 성냥 넣기의 자동화를 가 능하게 하였고, 이것이 스웨덴인들로 하여금 반세기 동안 세계의 성냥을 독점할 수 있도록 하였듯이). 다섯째, 혁신은 천재성이라기보다는 고되고, 집중적이며 의도적인 작업이다(재능, 현명 함, 지식이 모두 갖추어졌다고 해도 부지런함, 인내, 전념 등이 부족하다면 그러한 것들은 소용이 없게 됨).

또한 4가지 혁신 전략[9])에는 기존 제품 또는 서비스를 새로운 것으로 바꾸어 놓는 고객창조 전략, 기업이 새로운 시장이나 산업의 주도권을 노릴 때 사용하는 총력 선 점 전략, 다른 사람이 이미 실행한 것을 따라하는 약점 공략 전략, 소규모 시장에서 실질적인 독점을 노리는 생태학적 틈새전략이 있다.

---

9) 피터 드러커, 위대한 혁신, 2006, 한국경제신문.

| Action 2 | 기술혁신의 유형 및 적용사례를 이해한다. |

가. 기술주도형 기술혁신 및 수요 견인형 기술혁신

1) 기술주도형 기술혁신

기술주도형 기술혁신은 기술혁신의 원천으로서 과학기술의 기반을 중요시하는 이론모델로, 새롭고 혁신적인 기술이 시장을 주도하고 기존의 수요를 넘어 이윤을 창출할 수 있다고 주장한다. 과학적 지식의 창출이 기술혁신이며 이윤창출의 핵심원천으로 인식한다.

♣ 기술주도형 기술혁신 사례

• Sony사의 공동설립자였던 모리타 아키오는 "소비자들에게 그들이 무엇을 원하는지 묻기보다는 스스로 신제품을 만들어 대중을 선도해야 한다"라고 함.

• 1995년 5월 Fortune지는 "Ignore Your Customer"라는 기사를 실어 고객중심의 경영이 지나쳐서 보수적인 고객들의 의견에만 의존해서 상상력이 결여되고, 시장 개척과 혁신을 게을리 하여 실패하게 된 기업들이 많다고 지적함과 동시에 고객이 항상 옳다는 편견을 버려야 한다고 주장함.

• 스티브 잡스는 일련의 혁신적인 제품을 개발하기 위해 경영진들을 설득할 때 혁신을 강조하였으며 현재에도 아이팟, 맥에어 등의 혁신적인 제품을 계속 시장에 내놓으며 소비자들에게 센세이션을 일으키고 있음.

• 스티브 잡스는 기술만으로도 시장을 압도했고, 엄청난 수익창출에 성공했지만 항상 기술이 시장을 압도할 수 있는 것은 아니며 고객의 목소리를 무시한 기술은 실패할 수 있는 위험성이 존재함.

출처: 이주성(2009), 기술 경영 전략 Plus, 경문사.

2) 수요견인형 기술혁신

수요 견인형 기술혁신은 기술혁신을 촉진시키는 유인을 소비자의 욕구에 따른 시장수요와 기업의 이윤 창출기회에서 비롯되는 것으로 본다.

♣ 수요견인형 기술혁신 사례(델 컴퓨터)

• Dell 컴퓨터는 고객만족을 최우선으로 생각하는 기업
• 델 컴퓨터는 고객이 물건의 품질과 가격을 결정하는 고객주도의 제품생산과 판매(Configure-to-Order)를 실시. 사업의 온라인상으로 전환하면서 각각의 모델에 대해 가격우위를 제공.
• 96년부터 온라인 Dell 스토어를 개설해 인터넷 판매를 시작한 후 매출이 연 50%씩 성장했고 현재 Dell의 웹사이트에는 하루 평균 20만 명의 고객이 방문하고 있음.

출처: 이주성(2009), 기술 경영 전략 Plus, 경문사.

나. 제품혁신 및 공정혁신

제품혁신(Product Innovation)은 기업 활동 결과물이 제품 또는 서비스의 혁신으로 이어지는 것을 말한다. 혁신의 결과가 상품이나 성과물에 포함되어 소비자가 쉽게 확인 가능하다. 혁신 유발 주요 원인은 기술의 역동적인 변화, 신기술의 출현으로 이를 적용한 혁신적인 제품을 출시하거나, 전략적으로 기업이 새로운 제품이나 기존의 제품을 개선한 제품을 출시하는 것이다. 보통, 기업의 경쟁적 우위 선점과 외부 압력에 대응하는 차원에서 신제품 개발 및 개선하게 된다.

[그림 3-1]   제품 혁신사례(골프 존)

♣ 참고사례: 박남규의 하이브리드형 창조, 골프존에서 배워라

　　2000년 5월 김영찬 사장이 54세 늦은 나이에 창업한 골프존은 창업 이후 불과 5
년 만에 매출액 100억원을 돌파했다. 이어 3년 후인 2008년에는 매출액 1,000억원을
기록했고, 2014년에는 매출액 4,300억원을 달성했다. 지금은 매출 1조원을 새로운
목표로 설정할 정도로 무섭게 성장하고 있다.

　　하지만 골프존 설립은 너무나 간단한 두 가지 아이디어에서 출발했다. 첫째는 골
프가 대중적 스포츠가 될 수 있도록 한 번 라운딩에 소요되는 비용을 혁신적으로 낮
추는 것이었고, 둘째는 어떤 기후 조건에서도 야외 스포츠인 골프를 즐길 수 있는
방법을 찾아내는 것이었다. 이런 고민에 대해 완벽한 해답으로 등장한 것이 현재 시
장에서 알려진 스크린골프의 출발이었다.

　　골프존은 기존에 존재하지 않았던 새로운 시장을 창조·선점하여 독점적인 시장
점유율을 확보했음에도 불구하고 끊임없는 연구개발(R&D) 투자로 혁신적인 신제품
들을 계속해서 출시했다. 외관상으로는 그냥 단순한 전자 게임처럼 보이지만 스크린
골프는 최첨단 기술의 융합체다. 적외선·고속카메라 기반 첨단 센싱 기술, 실제 골

프 코스와 같은 시각적 효과를 구현하는 3D 그래픽 기술, 동작 인식 기술 등을 활용해 고객들의 만족도를 끊임없이 개선시키고 있다. 골프존 전체 사무직 직원 중에서 약 45% 이상이 R&D 인력이며 2014년 말 기준으로 기술특허를 160개 이상 보유하고 있다.

골프존은 단순히 시스템을 판매하는 것으로 끝나는 것이 아니라 전국 가맹점을 네트워크로 연결해 혁신적으로 차별화된 서비스를 창조하고 있다. 대표적인 예가 경쟁사들이 가격 경쟁에 몰입하는 것과 달리 골프존은 2006년 특허 등록한 '네트워크로 제어하는 골프 시뮬레이터 장치'와 같은 기술력을 활용해 골프존 라이브 전국 토너먼트 대회 등을 개최하는 것이다. 그리고 방대한 고객 정보를 실시간으로 분석해 특정 지역에서 효과가 가장 빨리 나타날 수 있는 판매 촉진 활동을 실행하고 있다.

골프존은 스크린골프 시장에 안주하지 않고 골프 레슨, 골프 모바일 게임, 용품 유통, 골프장 운영, 컨설팅 서비스와 같은 골프 중심의 복합 비즈니스 모델을 세상에서 처음으로 창조하고 있다. 그리고 1조5,000억원에 불과한 국내시장에서 다양한 비즈니스 모델에 대한 시험을 마친 골프존은 이제 적극적인 해외시장 개척을 통해 새로운 변신을 준비하고 있다. 이미 2009년 일본, 2011년 중국·캐나다, 2012년 대만에 진출했다. 작은 벤처기업으로 출발했던 골프존이 세계시장에서 새로운 지평을 창조하는 그날이 바로 눈앞에 있는지도 모른다.

출처: 매경, 2015. 2. 13 (http://news.mk.co.kr/newsRead.php?year=2015&no=146940).

공정혁신(Process Innovation)은 기업이 시도하는 혁신 중 가장 대표적 혁신으로, 조직이 작업을 수행하는 과정과 방법에 대한 혁신이다. 프로세스 운영에 따라 생산성이 크게 차이나며, 생산성의 차이는 제품으로 나타난다. 제조업과 서비스업을 비교하면, 공정의 단계나 수, 작업시간, 사용하는 장비, 작업의 흐름이 다르며, 규모가 큰 과업이나 프로젝트일수록 그를 효과적, 효율적으로 진행할 수 있는 프로세스의 중요성이 크다(예, 자동차, 항공, 선박 제작, S/W 구축 프로세스 등). 기업에서의 생산프로세스는 어떤 제품이나 서비스를 생산하기 위해서 사용되는 설비, 인력, 업무절차, 투입원료, 업무 및 정보의 흐름이 결집된 하나의 시스템을 말한다. 처음에는 조정되지 않은 프로세스 단계에서 부분적 자동화, 체계적인 자동화 단계로 구분한다. 예를 들면 포드사의 초기 승용차 모델 T의 경우, 초기에는 150개 공정에서 한 대의 자동화 장치로 혁신되었다.

[그림 3-2] 공정혁신 사례(RFID 적용사례)

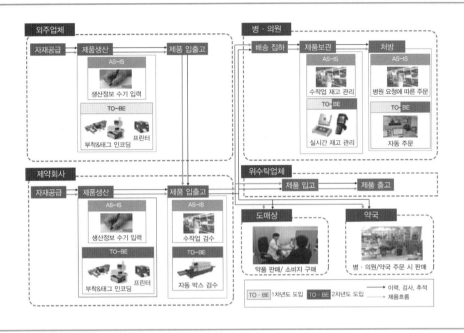

출처: 정보통신산업진흥원(2012).

다. 연속적인 혁신과 불연속적 혁신(파괴적 혁신)

연속적 혁신(Incremental innovation)은 소비자의 사용습관을 바꾸지 않아도 되며 제품 및 서비스의 업그레이드 형태로 기존 제품을 대체시키면서 신규수요를 자극하여 신속히 확산될 수 있다. 예를 들면 TV시대에서 컬러TV, 소금 대신 불소치약, 국수 대신 라면 등이다. 반면에 불연속적 혁신(Disruptive Innovation)은 과거의 사용시스템을 완전히 바꾸는 신제품으로 소비자의 커다란 행동변화를 요구한다. 예를 들면, 개인용 컴퓨터가 주산이나 타자기를 대체하거나, 기존 필름 카메라가 디지털 카메라로 바뀌는 경우이다.

♣ 참고사례: 불연속적 혁신(Disruptive Innovation) 사례

2007년 3월 24일자 위클리비즈에 등장한 크리스텐슨 교수

"혁신에는 '존속적 혁신(sustaining innovation)'과 '파괴적 혁신(disruptive innovation)'이 있습니다. 존속적 혁신은 과거보다 더 나은 성능의 고급품을 선호하는 고객들을 목표로 기존 제품을 지속적으로 개선해 보다 높은 가격에 제공하는 전략을 말합니다. 반면 파괴적 혁신은 현재 시장의 대표적인 제품의 성능에도 미치지 못하는 제품을 도입해 기존 시장을 파괴하고 새로운 시장을 창출하는 것을 말합니다. 일반적으로 기존에 고객이 아니던 사람이나 덜 까다로운 고객들을 사로잡는, 간단하고 편리하고 저렴한 제품들을 출시하는 전략이 여기에 속한다고 볼 수 있습니다."

─한국의 현대자동차가 포니를 기반으로 미국 시장에 진출한 것이나, 중국 기업들이 저가시장을 위한 저렴한 솔루션을 출시하는 것들이 바로 좋은 예가 되겠군요?

"예. 그렇습니다."

─향후 한국 경제에 가장 큰 위협의 하나는 파괴적 혁신을 기반으로 시장에 새롭게 진입하는, 중국과 같은 경쟁국일 것 같습니다.

출처: chosun.com, 2010. 1. 23, 파괴적 혁신(disruptive innovation) 이론의 창시자 크리스텐슨 교수와의 인터뷰.

[그림 3-3] 파괴적 혁신

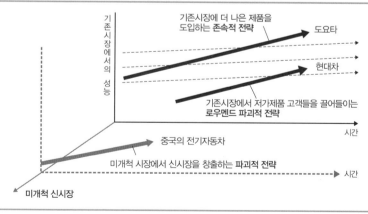

출처: Clayton Christensen, 1997, The Innovator's Dilemma.

[그림 3-3]에서 X축은 시간, Y축은 기술의 성능을 의미한다. 가운데 점선 그래프는 고객층을 의미한다. 기술력이 너무 낮아도 고객이 적고, 너무 높아도 고객이 없다. 적절한 기술 수준일 때 고객이 가장 많다. 도요타는 기존시장에서 자동차의 성능이나 경제성 등 지속적인 혁신을 노력하는 Overshooting을 하는 동안, 한국의 현대자동차는 저가 자동차로 미국시장에서 파괴적 혁신을 하여 시장점유율을 높여 갔다. 그런데 향후 중국의 경우, 한국의 사례와 같이 새로운 전기차라는 신규시장에서 또 다른 파괴적 혁신을 할 수도 있다.

라. 개방형 혁신(Open Innovation)[10]

크라우드소싱(crowdsourcing)은 기업활동의 전 과정에 소비자 또는 대중이 참여할 수 있도록 일부를 개방하고 참여자의 기여로 기업활동 능력이 향상되면 그 수익을 참여자와 공유하는 방법이다. '대중'(crowd)과 '외부 자원 활용'(outsourcing)의 합성어로, 전문가 대신 비전문가인 고객과 대중에게 문제의 해결책을 아웃소싱하는 것이다.

이전에는 해당 업계의 전문가들이나 내부자들에게만 접근 가능하였던 지식을 공유하고, 제품 혹은 서비스의 개발과정에 비전문가나 외부전문가들의 참여를 개방하고 유도하여 혁신을 이루고자 하는 방법이다. 내부의 전문가나 해당 분야 전문가들은 소유한 자원 및 결과를 공유하고 개방하여 해당 또는 다른 분야 전문가 혹은 일반 대중과 함께 연구 개발을 진행하게 된다. 이를 통해 한정적인 내부의 인적 자원에만 의존하지 않고 많은 외부의 인적 자원의 도움을 받을 수 있으며 또한 외부인은 이러한 참여를 통해 자신들에게 더 나은 제품, 서비스를 이용하게 되거나 이익을 공유하는 것도 가능하다. 웹 2.0으로 가능해진 새로운 다양한 가능성 중 핵심적인 것 중 하나이다. 크라우드소싱이라는 말은 제프 하우(Jeff Howe)에 의해 2006년 6월 와이어드(Wired) 잡지에 처음 소개되었다.

크라우드소싱을 성공적으로 활용하여 비즈니스에 혁신을 일으키고 있는 경영의

---

10) 출처: http://ko.wikipedia.org/wiki/%ED%81%AC%EB%9D%BC%EC%9A%B0%EB%93%9C%EC%86%8C%EC%8B%B1

예로 InnoCentive, 아마존 그리고 Goldcorp, Cambrian House, 도미노피자의 Think Oven 등을 들 수 있다. InnoCentive는 과학 기술, 아마존은 인공 지능 그리고 Goldcorp은 금광 탐구를 참여자들과 공개적으로 수행하고 있으며 Cambrian House는 창업아이템 아이디어를 공모하여 비즈니스로 연결시켜주는 일을 한다. 이들은 문제점을 공유할 뿐만 아니라 해결하는 참여자에게 적절한 보상을 주어 참여를 유도한다.

1989년 3월 24일 21만5,000톤의 대형 유조선 발데스호가 알래스카를 지나던 중 암초에 부딪쳐 좌초됐다. 이 사고로 유조선에서 새어 나온 24만 배럴의 기름은 알래스카의 해안을 덮쳤다. 오염된 인근 해안가의 길이는 무려 1,600km에 달했고 이로 인해 바닷새 25만 마리와 해달 2,800마리, 물개 300마리, 대머리 독수리 250마리와 연어 수백만 마리가 떼죽음을 당한 사상 최대의 해양오염 사고였다. 이후 20여년 동안 수십 척의 바지선을 통해 기름을 수거했지만 혹한의 날씨 때문에 기름이 물과 함께 얼어붙어 분리가 원활히 이루어지지 않아 기름을 전량 수거하는 데에는 실패하였다. 세계 유수의 과학자들과 관련 전문가들이 이 문제를 해결하기 위해 달려들었지만 20여년간이나 문제를 해결하지 못하고 있었다. 이에 세계기름유출연구소(OSRI)는 2만달러의 상금을 걸고 이노센티브를 통해 대중에게 문제를 제시하였다. 주부, 학생 등 수천 명이 아이디어를 올렸고, 그 중 한 사람이 진동기계로 오일에 자극을 주자는 아이디어를 냈다. 이 아이디어로 물과 기름의 분리가 원활하게 되어 기름을 모두 걷어낼 수 있게 되었다. 이 아이디어를 낸 사람은 존 데이비스라는 평범한 시멘트 회사의 직원이었다. 존 데이비스는 시멘트를 굳지 않게 하기 위해 계속 레미콘 트럭이 시멘트를 젓는 것에서 착안하여 아이디어를 냈고, 이 아이디어가 20여년을 끌고 온 문제를 말끔히 해결하였다. 이노센티브를 통해 전문가가 아닌 비전문가가 문제를 해결한 케이스는 이 외에도 수없이 많으며, 이미 이노센티브는 보잉, 듀폰, LG화학 등의 대기업들을 고객으로 확보하고 있다.[11]

미국 과자 브랜드 DORITOS는 미국 Super Bowl(프로미식축구 챔피언 결정전) 시간

---

11) 크라우드소싱은 협력하는 인력의 수를 늘림으로 혁신에 성공할 확률을 높인다. 하지만 인력의 수를 늘릴수록 관리비용이 계속 증가하게 된다. 이 모순을 극복하는 보편적인 방법이 web 2.0의 활용이다. 진보된 방법으로 iTunes 'university' 서비스를 예로 들 수 있다. 생산된 지식의 다양성에 대한 폭을 줄였으나 선택의 폭을 우수한 외부 자원에 한정하므로 비용을 효과적으로 설계한 변형된 크라우드소싱 방법이다.

대에 나갈 광고를 크라우드소싱을 통해 공모하였다. 우승 작품은 실제 슈퍼볼 광고시간에 전파를 타고, 1만 달러의 상금을 받게 될 것을 약속했다. 미국 전역에서 1,071건의 작품이 접수되고, 1백만명의 방문자가 평균 5분 이상 웹사이트에 머무르며 광고를 시청하였다. DORITOS는 이를 통해 공모 기간 중 매출이 전년 대비 12% 증가하는 등 총 3천만 달러의 광고효과를 창출할 수 있었다.[12]

과 제	1. 본인이 제안한 벤처 아이디어가 혁신유형 중 어디에 속하는지 설명하시오. 2. 연속적인 혁신인 경우에는 어떻게 성능을 높일 수 있는지 설명하고, 파괴적 혁신인 경우에는 기존 제품과 전혀 다른 차별성을 가진 혁신내용이 무엇인지 설명하시오.

◈ 참고문헌

매경, 2015. 2. 13 (http://news.mk.co.kr/newsRead.php?year=2015&no=146940)

슘페터(1912), 경제발전의 이론.

슘페터(1942), 자본주의 사회주의 민주주의.

이주성(2009), 기술 경영 전략 Plus, 경문사.

정장열, "다시 슘페터다. '창조경제'의 답 '창조적 파괴'와 '혁신'에 있다", 주간조선, 2013. 6. 17 재정리.

---

12) 크라우드소싱은 롱테일 현상을 활용하는 방법 중 하나이다. 롱테일 현상에 근거한 경영 방법은 우수한 인력에 집중하는 파레토 경영 방법이 아니라 인력 활용을 다양화하는 경영 방법이다. 인력활용을 다양화하는 방법은 온라인을 통해 사회적 네트워크를 이용하는 온라인 접근 방법, 온라인/오프라인에서 협력하는 인력의 절대적인 수를 늘리는 방법, 전공이 다른 다양한 인력이 포진하도록하는 경영 방법 등이 있다. 파레토가 고도의 희소성을 확보한 소수 인력에 대한 효율적 경영 방법을 다룬다면 롱테일은 인력의 다양성 확보를 다루고 있다. 파레토식 접근과 롱테일식 접근을 대조적인 것으로 보는 시각도 있지만 서로 추구하는 바가 다르므로 상호 보완적으로 보는 경우도 있다.

정보통신연구진흥원(2012), RFID 적용사례.

chosun.com, 2010. 1. 23, 파괴적혁신(disruptive innovation) 이론의 창시자 크리스텐슨 교수와의 인터뷰.

피터 드러커, 위대한 혁신, 2006, 한국경제신문.

피터 드러커, 혁신의 7가지 원천과 원리(The Discipline of Innovation), 2002년, 하버드 비즈니스 리뷰.

Watch the following video clips:

      http://www.youtube.com/watch?v＝nJ7EG58J5eo

      http://www.youtube.com/watch?v＝B5FxFfymI4g

      http://www.youtube.com/watch?v＝_N－1NzS4OJk

Bower, J. & Christensen, C.(1995), Disruptive technologies: catching the wave. *Harvard Business Review*, Jan－Feb: 43－53.

Byers, Thomas H.(2013), Technology Ventures, McGraw Hill Third Edition.

Clayton Christensen(1997), The Innovator's Dilemma.

Christensen, C. & Michael Overdorf(2000), Meeting the challenge of disruptive change. *Harvard Business Review*, 78, (March-April), 67-76.

Nintendo's "Revolution":

https://mitsloan.mit.edu/LearningEdge/CaseDocs/11－124.Nintendo_Revolution_lamont. FINAL.pdf

http://ko.wikipedia.org/wiki/%ED%81%AC%EB%9D%BC%EC%9A%B0%EB%93%9C%EC %86%8C%EC%8B%B1

II

창업을 위한 준비작업

Ⅱ. 창업을 위한 준비작업(Warming-Up)

4. 나에 대한 분석 및 팀 구성(Team Building)

구 분	주요내용
문제 제기	나는 창업하기에 적합한 사람인가? 독자창업 또는 공동창업을 할 것인가?
문제해결 중심내용 (Problem-based Learning)	- 나를 알기 위해서 창업 적성검사를 한다. - 나의 분석서를 작성한다. - 공동창업을 위해 팀 빌딩을 한다.

Action 1 　나를 알기 위해서 창업 적성검사를 한다.

※ 창업 적성검사 ※

　　진로 심리학자인 John L. Holland의 진로이론(자기 탐색검사, Self Directed Search-R)에 따르면, 세상의 모든 직업들과 사람들의 직업적 적성은 다음과 같은 아홉 가지의 유형으로 나눌 수 있다고 한다.

　　능력, 흥미, 성격 및 가치관 등을 고려해 볼 때 어떤 유형의 직업분야를 선택하는 것이 당신의 적성에 가장 알맞고 또 인생을 만족스럽고 행복하게 보낼 수 있게 될까요? (직업적성으로 창업적성 체크)

[직업적성 테스트] 진단방법

　먼저 설문을 읽고 "예(2점), 아니오(0점), 어느쪽이라 말할 수 없다(1점)" 세 가지로 체크하고, 계산하여 타입별로 합계를 낸다.

　이중 가장 높은 점수가 직업적성이다. 진단결과 높은 점수가 복수라면 자기 나름대로 생각해서 유연하게 판단하기 바란다.

[표 4-1] 창업적성 검사 설문지

1. (　　) 교제범위가 넓은 편이라 사람을 만나는데 많은 시간을 소비한다.
2. (　　) 손재주는 비교적 있는 편이다.
3. (　　) 기획과 섭외 중 기획을 더 잘할 수 있을 것 같다.
4. (　　) 도서실이나 자료실에서 책이나 문서를 정리하고 관리하는 일을 싫어하지 않는다.
5. (　　) 선입견으로 판단하지 않고 이론적으로 판단하는 편이다.
6. (　　) 예술제나 미술전 등에 관심이 많다.
7. (　　) 행사의 사회나 방송 등 마이크를 사용하는 분야에 관심이 많다.
8. (　　) 하루 종일 방에 틀어박혀 연구하거나 몰두해야 하는 일은 싫다.
9. (　　) 공상이나 상상을 많이 하는 편이다.
10. (　　) 모르는 사람과도 마음이 맞으면 쉽게 마음을 터놓으며 바로 친해진다.
11. (　　) 물건을 만들거나 도구를 사용하는 일이 싫지는 않다.
12. (　　) 새로운 아이디어를 생각해 내는 일이 좋다.
13. (　　) 회의에서 사회나 서기를 맡는다면 서기 쪽이 맞을 것 같다.
14. (　　) 사건의 뒤에 숨은 본질을 생각해 보기 좋아한다.
15. (　　) 색채감각이나 미적 센스는 풍부한 편이다.
16. (　　) 남의 눈에 띄는 것을 좋아하므로 남의 주목을 받는 것이 아무렇지도 않다.
17. (　　) 문화재 위원과 체육대회 위원 중 체육대회 위원을 하고 싶다.
18. (　　) 보고 들은 것을 문장으로 옮기기를 좋아한다.
19. (　　) 남에게 뭔가 가르쳐주는 일이 좋다.
20. (　　) 많은 사람과 장시간 함께 있으면 피곤하다.
21. (　　) 엉뚱한 일을 하기 좋아하고, 발상도 개성적이다.
22. (　　) 전표의 숫자를 계산하거나 장부에 기입하는 일을 싫증 내지 않고 할 수 있다.
23. (　　) 책이나 신문을 열심히 읽는 편이다.
24. (　　) 신경이 예민한 편이며, 가수성도 예민하다.
25. (　　) 연회석에서 망설임 없이 노래를 부르거나 장기를 보이는 편이다.
26. (　　) 운동을 하고 있을 때는 생기가 넘친다.
27. (　　) 사보나 팜플렛 등의 기획이나 편집에 흥미가 있다.

28. (   ) 남 앞에서 스스럼 없이 자기 소개를 한다.
29. (   ) 과자나 빵을 판매하는 일보다 만드는 일이 나에게 맞을 것 같다.
30. (   ) 즐거운 캠프를 위해 계획 세우기를 좋아한다.
31. (   ) 데이터를 분류하거나 통계 내는 일을 좋아한다.
32. (   ) 드라마나 소설 속의 등장인물의 생활방식이나 사고방식에 흥미가 있다.
33. (   ) 자신의 미적 표현력을 살리면 상당히 좋은 작품이 나올 것 같은 생각이 든다.
34. (   ) 화려한 것을 좋아하며 주위의 평판에 신경을 쓰는 편이다.
35. (   ) 여럿이서 여행할 기회가 있다면 즐겁게 참가한다.
36. (   ) 여행소감을 쓰기 좋아한다.
37. (   ) 상품전시회에서 상품설명을 한다면 잘할 수 있을 것 같다.
38. (   ) 변화가 적고 손이 많이 가는 일도 꾸준히 계획하는 편이다.
39. (   ) 신제품 홍보에 흥미가 있다.
40. (   ) 열차시간표 1페이지 정도라면 정확하게 옮겨 쓸 자신이 있다.
41. (   ) 자신의 장래에 대해 자주 생각해 본다.
42. (   ) 상품을 고를 때 디자인과 색에 신경을 많이 쓴다.
43. (   ) 극단이나 탤런트 양성소에서 공부해보고 싶다는 생각을 한 적이 있다.
44. (   ) 외출할 때 날씨가 좋지 않아도 그다지 신경 쓰지 않는다.
45. (   ) 손님을 불러들이는 호객행위도 마음만 먹으면 할 수 있을 것 같다.
46. (   ) 신중하고 주의 깊은 편이다.
47. (   ) 하루 종일 책상 앞에 앉아 있어도 지루해 하지 않는 편이다.
48. (   ) 알기 쉽게 요점을 정리한 다음 남에게 잘 설명하는 편이다.
49. (   ) 생물시간보다는 미술시간에 흥미가 있다.
50. (   ) 남이 자신에게 상담을 해오는 경우가 많다.
51. (   ) 친목회나 송년회 등의 총무역을 좋아하는 편이다.
52. (   ) 실패하나 성공하나 그 원인은 꼭 분석한다.
53. (   ) 실내장식품이나 액세서리 등에 관심이 많다.
54. (   ) 남에게 보이기 좋아하고 지기 싫어하는 편이다.
55. (   ) 대자연 속에서 마음대로 몸을 움직이는 일이 좋다.
56. (   ) 파티나 모임에서 자연스럽게 돌아다니며 인사하는 성격이다.
57. (   ) 무슨 일에 쉽게 구애 받는 편이며 장인의식도 강하다.
58. (   ) 우리나라의 분재를 프랑스 파리에서 파는 방법을 생각해 내는 일 등을 좋아한다.
59. (   ) 거리를 하루 종일 돌아다녀도 그다지 피곤을 느끼지 않는다.
60. (   ) 컴퓨터의 키보드 조작도 연습하면 잘할 수 있을 것 같다.
61. (   ) 자동차나 모터보트 등의 운전에 흥미를 갖고 있다.
62. (   ) 인기탤런트의 인기비결을 곧 잘 생각해 본다.

[표 4-2] 창업적성 검사 평점표

평 점 표

앞 페이지의 각 질문에 "예(2점)" "아니오(0점)" "어느 쪽이라 말할 수 없다(1점)"를 ( )안에 넣은 다음 A ~ I 타입별로 합계를 낸다. 합계가 이중 가장 높게 나온 타입이 당신의 직업적성이다.

A	B	C	D	E	F	G	H	I
1 ( )	2 ( )	3 ( )	4 ( )	5 ( )	6 ( )	7 ( )	8 ( )	9 ( )
10 ( )	11 ( )	12 ( )	13 ( )	14 ( )	15 ( )	16 ( )	17 ( )	13 ( )
19 ( )	20 ( )	21 ( )	22 ( )	23 ( )	21 ( )	25 ( )	26 ( )	14 ( )
28 ( )	29 ( )	30 ( )	31 ( )	32 ( )	24 ( )	28 ( )	35 ( )	18 ( )
37 ( )	38 ( )	39 ( )	38 ( )	41 ( )	33 ( )	34 ( )	44 ( )	23 ( )
45 ( )	46 ( )	45 ( )	40 ( )	48 ( )	42 ( )	43 ( )	55 ( )	27 ( )
50 ( )	57 ( )	51 ( )	46 ( )	52 ( )	49 ( )	45 ( )	59 ( )	36 ( )
56 ( )	60 ( )	58 ( )	47 ( )	62 ( )	53 ( )	54 ( )	61 ( )	47 ( )
↓	↓	↓	↓	↓	↓	↓	↓	↓
A	B	C	D	E	F	G	H	I

창업적성 검사 후 본인이 어떠한 직업이 맞고 창업을 하게 되면 어떠한 분야에 보다 적합한가를 [표 4-3]에서 알아 볼 수 있다.

[표 4-3] 창업적성 검사결과에 대한 해석내용

〈 A TYPE 〉

처음 만나는 사람과도 공통의 화제를 잘 만들고, 그 분위기를 잘 이끌어가며 교제의 범위가 넓고 사람이나 친구가 많은 사교적인 타입 → 리더형

[참고직종] 판매원, 접수, 안내, 영업직, 가이드, 스튜어디스, 나래이터모델, 보험모집원, 교사, 각종강사, 회사교육 담당원, 행사요원, 직업상담원, 통역, 사회복지전문직 등

[참고업종] 여행사, 전문인력소개업, 음식업, 노래방, 미용전문점, 전원 까페 등

〈 B TYPE 〉
착실하고 판단이나 일을 처리하는 데 있어 주의 깊게 신경을 쓰는 편이며 느긋하게 몰두하는 강한 타입 → 꼼꼼형

[참고직종] 타이피스트, 키 펀처, 오퍼레이터, 상품검사원, 실험원, 상품관리, 가공조립, 기능사, 운반기술자, 요리사, 정비사, 실비기술자, 무선종사가, 측량사, 치과위생사, 봉재사, 식품가공, 약사, 안경사 등

[참고업종] 약국, 안경점, 카정비센터, 식품가공업, PCS핸드폰대리점, 원룸텔 임대업, 세탁업, 비디오점 등

〈 C TYPE 〉
새롭고 재미있는 일을 생각하거나 시행하기 좋아하고 기발한 아이디어도 잘 생각해내는 타입 → 창의적이고 아이디어맨

[참고직종] 상품기획, 광고, 홍보, 이벤트기획, 프로듀서, 레저기획, 여행기획, 도시개발, 유원지기획, 각종 전시회, 기획 등

[참고업종] 체인화사업, 남성헤어코디전문점, 레저업, 여행사, 캐릭터전문점, 테마음식점업 등

〈 D TYPE 〉
주어진 일을 정확히 하며 성실한 생활태도가 느껴지는 타입 → 모범생

[참고직종] 비서, 회계원, 사무처리원, 관리직, 정보관리 등

[참고업종] 전문음식점업, 학원업, 정보업

〈 E TYPE 〉
세상의 원리 원칙에 흥미를 갖고 있으며 매우 분석적인 타입 → 분석형

[참고직종] 평론가, 학술연구원, 과학자, 의사, 연구원, 시장조사, 분석, 언론인, 법률사, 기술사, 변리사, 엔지니어 등

[참고업종] 티켓전문점, 원두커피 토탈전문점, 신상품판매업, 실버사업, 소개알선업, 기술제공업, 용역대행업, 실버사업 등

〈 F TYPE 〉
감수성이 풍부하고 예민한 타입 → 예술가형 (손재주가 있음)

[참고직종] 화가, 각종 디자이너, 일러스트, 공예가, 사진작가, 조각가, 메이크업, 아티스트, 패션코디네이터, 애니메이트, 디스플레이어 등

[참고업종] 의류업, 패션소품업, 유명미용실체인업, 화장품판매업 등

〈 G TYPE 〉

주위의 관심을 끌어 많은 사람의 주목을 받고 싶어하는 사람 → 엔터테이너형(박진영)

[참고직종] 이벤트사회자, 가수, 탤런트, 코미디언, 아나운서, 방송사회자, 성우, 악기연주, 무용,
　　　　　 모델, 나레이터 등

[참고업종] 노래방, 패션웨어전문점, 레저오락업 등

〈 H TYPE 〉

휴일을 집에서 보내기보다 외출을 좋아하는 활동파 → 운동선수

[참고직종] 운동선수, 운동지도원, 캐디, 공원관리자, 레크레이션강사, 운전기사, 경마기수, 토목
　　　　　 기술자, 중장비기사, 농업, 임업, 수산업, 목축종사자, 경비원 등

[참고업종] 이동형복합미니푸드점, 홍보대행업, 브랜드전문점, 점포홍보대행업, 출장카센터, 체인
　　　　　 점 등

〈 I TYPE 〉

신경이 예민하고 민감해서 사물을 깊게 생각하고 잘 파악하는 편으로 자신의 느낌이나 생각을
표현하기를 좋아하는 문필가 타입 → 작가형

[참고직종] 시인, 소설가, 작사가, 카피라이터, 방송작가, 스크립터, 기자, 편집자, 번역가, 르포작
　　　　　 가 등

[참고업종] 캐릭터용품점, 향전문점, 즉석명함전문점, 가정인테리어전문점, 인터넷학습제공업, 미
　　　　　 니레코드음반전문점, 성인팬시점, 까페방, 피부관리전문점, 복합펜시꽃집 등

♣ 기업가 정신에 대한 질문사항들

Question1: 기업가 정신은 타고난 것인가?

Answer: 스티브 잡스, 빌 게이츠 등은 비범한 천재로 보이지만, 실제 성공을 이
　　　　끈 것은 특별한 유전자가 아니라 위대한 제품이다. 혁신제품을 만드는
　　　　방법을 체계적으로 가르쳐 기업가로 성공할 확률을 높일 수 있다. 따라
　　　　서 기업가 정신은 배울 수 있다.

* MIT 졸업생의 창업률은 2006년 기준 MIT 동문기업이 2만 5천개가 넘고, 매년
　 900개의 신생벤처가 등장한다. 이들 벤처기업이 창출한 일자리는 300만개, 총

> 매출은 2조 달러로 세계 11위 국가 경제규모이다.
>
> Question 2: 창업은 용감하게 혼자 해야 한다.
> Answer: 연구결과 공동창업인 경우가 많다. 여러 사람이 모여 설립한 회사가 성공할 가능성이 더 크다. 창업 멤버가 많을수록 성공확률은 높아진다.
> Question 3: 기업가는 카리스마가 넘치며, 그것이 곧 성공의 열쇠이다.
> Answer: 카리스마 리더쉽은 단기적으로 효과는 있을지 모르지만, 연구결과에 따르면 기업가에 필요한 역량은 효과적인 의사소통, 훌륭한 인재개발, 탁월한 영업력이다(빌 올렛, MIT 스타트업 바이블, 2014).

Action 2 나는 누구인가? 나를 분석한다.

나의 분석서를 아래와 같이 작성한다.

[표 4-4] 나의 분석서

구 분	나의 분석서에 담을 세부 내용
지 식	무엇을 전공했고 어떤 분야에서 경력을 쌓았나?
역 량	내가 가장 잘하는 일은 무엇인가?
네트워크	내가 아는 사람 중에 창업에 성공한 선배나 지인들이 있는가?
재 원	창업을 한다면 누가 도와줄까? 자금조달 방법은?
경 험	알바, 직장경험 등 일한 분야에서 고객 불편이나 업무의 비효율성을 발견한 내용은 무엇인가?
특정산업에 대한 관심분야	내가 Passion을 가지고 일을 할 분야는 어디인가? (교육, IT, 에너지, 자동차 등)
사명감(열정)	대기업이나 공무원시험이 아니라 새로운 도전에 시간과 노력에 투자할 각오가 되어 있는가?
나에 대한 인지도	나를 대해 어떻게 평가를 할 것인가? (예: 모바일 게임 전문가, 마케팅 전문가)

출처: 빌 올렛, MIT 스타트업 바이블, 2014, (주)비즈니스북스 재구성.

위의 나에 대한 분석서를 통해 자신이 사명감을 가지고 본인한테 있는 역량과 관심분야를 벤처창업에 시도할 수 있는지를 평가하고, 나의 분석서를 기반으로 아래와 같이 자신의 열정, 아이디어를 한 문장으로 요약한다.

- 열정(passion): 나는 디지털 기술경영을 전공한 자로 무슨 사업이든지 비즈니스 모델을 수립할 수 있으며, 내 역량(지식 역량, 경험, 네트워크 등)을 발휘하여 나의 삶을 개척하고 나아가 사회에 기여를 한다.
- 아이디어(idea): 공유경제 모델에 기반한 모바일 앱(관심분야에 대한 구체적인 아이디어를 제시)을 이용하여 지속가능한 비즈니스 모델을 창출할 수 있는 회사를 설립한다.

Action 3 공동창업을 위해 팀 빌딩(team building)을 하라.

자신에 대한 분석서를 통해 나의 인지도(나에 대한 평가)를 정리하여 팀의 어느 부분(마케팅, 기술, 기획 등)을 맡아서 할지를 정리한다. 공동창업이 단독창업보다 성공률이 높다는 MIT연구 결과에 따라, 팀 빌딩은 창업에서 매우 중요한 단계이다.

과거에는 빌 게이츠나 스티브 잡스 등과 같이 괴짜이면서 천재적인 한 사람의 역량으로 단독으로 사업을 진행해 왔으나, 최근에는 팀 구성을 통한 시너지를 내는 트렌드이다. 파워풀한 팀 구성을 하여 성공한 사례는 95-96년 미국 NBA 시카고 불즈 팀으로 마이클 조던, 데니스 로드맨, 스카티 피픈 등 각 포지션별 전문성을 갖춘 선수들과 필 잭슨 감독의 리더쉽으로 전적 72승 10패의 전무후무한 기록을 남겼다. 또 한가지 사례는 모바일 결제업체인 페이팔의 경우, 창업멤버들은 모두 뛰어난 역량을 가지고 있어, 유투브, 링크드 인, 테스러(전기차) 등 다양한 분야에서 창업 및 벤처투자활동을 하고 있다.

누구랑 팀을 만들 것인가? 예를 들어 팔방미인인 모범생과 괴짜들이 있는 경우, 모범생은 모든 과목에서 80점을 받는 학생이고 괴짜들은 잘하는 과목만 100점이고 관심 없는 나머지과목은 30점 이하인 학생으로 평균 점수는 30점에 불과하다. 그러나

[그림 4-1] 페이 팔 창업멤버들

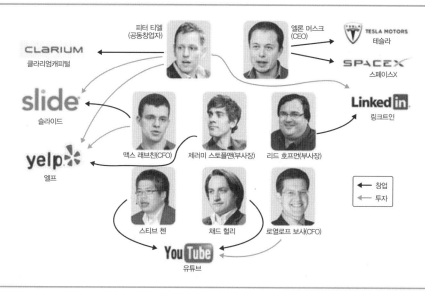

출처: 한국경제(2011).

괴짜들이 팀을 이루어 협력하는 경우, 핵심역량을 합하게 되면 100점이 될 수 있다. 팀이 훌륭하면 사업은 성공하며, 투자자들은 사람을 가장 중시하기 때문에 파워풀한 팀을 구성해야 된다(이민화, 창업방정식, 2015). 좋은 팀원으로 구성되고 호흡이 맞는 팀원으로 구성되어 있을 경우, 팀 프로젝트 결과가 항상 좋게 나타난다. 처음 멤버로 Final Presentation 끝까지 가는 경우도 있지만, 중간에 그 팀에 맞는 팀원을 바꿔 탄탄하고 협력적인 팀을 구성하여 진화하는 것도 좋은 경험이다.

　팀 구성을 할 때 고려해야 될 사항은 다음과 같다. (1) 삶의 방식과 비전을 공유할 수 있는 사람을 찾아라(창업을 시작하게 되면 의사결정의 순간들이 많은데 갈등을 중재할 수 있는 가치관 및 비전공유가 중요하다). (2) 서로 보완적인 사람들로 구성해야 한다(예를 들어 게임을 만들기 위해서는 게임기획, 디자인 전문가, 게임 개발자, 마케팅 및 유통 전문가 등으로 핵심역량이 보완적이어야 한다). (3) 계약서를 작성하여 분쟁을 막아야 하며, 지분을 명확히하여 리더를 통해 회사를 이끌고 가게 한다.

과 제	1. 나의 분석서를 기반으로 아래와 같이 자신의 열정, 아이디어를 한 문장으로 요약하라. 2. 최상의 팀원으로 Team Building을 하시오.

◈ 참고문헌

빌 올렛, MIT 스타트업 바이블, 2014, (주)비즈니스북스.

한국경제, 2011, 페이팔 창업멤버들.

Holland, John L., 1996, Making Vocational Choices.

5. 창업 아이디어 개발(Idea Creation)

구 분	주요내용
문제 제기	창업 아이디어는 어디서 얻는가?
문제해결 중심내용 (Problem-based Learning)	- 창업 아이디어를 다양한 곳에서 얻어라. - 창업 아이디어에 대한 성공 및 실패사례에서 아이디어를 얻어라. - 창업 아이디어 개발방법을 활용하라.

Action 1   **창업 아이디어를 교육, 직업의 경험, 취미 등 다양한 곳에서 얻어라.**

[표 5-1] 창업 아이디어의 원천

정신적 훈련	다방면 접촉	방문	출판물	추세 관측
관찰 SCAMPER 브레인스토밍 마인드 맵 Focus Group	잠재적 고객 잠재적 공급자 사업 브로커 성공적 창업자 교수, 대학원생 특허 변호사 제품 브로커 이전직장 동료 사업 파트너 벤처캐피탈리스트 상공회의소 기술자 경영기술컨설턴트 기술이전 대행사 지역개발사무소	무역전시회 도서관 박물관 공장 발명 박람회 대학 연구기관	무역 간행물 무역 지침서 파산 고지서 헌책과 잡지 비즈니스 일간지 특허청 자료 신제품 소개서 박사논문 베스트셀러물 신기술 소개서 라이센싱 정보물	자원고갈 에너지 부족 쓰레기 처리 신기술 재활용 유행 법적 변화 오염문제 건강 자기개발 개인 안전 외국과 교역 사회적 운동

다양한 창업아이디어의 원천은 위와 같은데, 아이디어는 창업의 출발점이며 사업 전체의 윤곽을 결정한다. 비록 작은 아이디어일지라도 소중하게 개발하는 것이 중요하며 그것을 포착한 기회와 연결하여 신속하게 사업화하는 것이 중요하다. 또한 아이디어를 어떻게 나의 사업과 연결하여 어떻게 경제적 이익을 창출할 것인지를 스스로 묻고 찾아봐야 한다. 피터 드러커는 작은 아이디어의 중요성을 강조하였으며, 상업화의 여부가 중요함을 강조하였다. 창의적인 아이디어는 경제, 시장, 지식의 변화로 기존사업에 영향을 미치며 경제적 결과를 주는 것과 관련된다.

[표 5-2] 아이디어의 3가지 원천

교 육	유사직종의 경험	취 미

- 대부분 학위 한두 개를 취득
* Intel창업:
  Noyce는 MIT 물리학 박사,
  Moore는 California Institute
  of Technology의 화학박사
	- 관련산업에서 일하는 중 자연스럽게 아이디어가 발생하는 경우도 많음
	- Noyce와 Moore는 페어차일드 연구소에서 일한 경험 보유
		- 자신이 좋아하는 취미활동 중에 아이디어를 발견
		- 빌 니콜라이의 새로운 텐트 고안

출처: Karl Vesper가 제시하는 아이디어의 원천들.

Karl Vesper는 아이디어의 3가지 원천을 교육, 유사직종의 경험, 취미에서 나온다고 말하고 있다. John Case(1989)도 창업아이디어의 원천을 전 직장의 자신의 업무경험(43%), 타 기업의 모방(15%), 틈새시장의 발견(11%), 사업기회의 체계적 탐색(7%), 우연(5%), 취미생활(3%), 기타(6%) 순으로 제시하고 있다.

Action 2   창업 아이디어에 대한 성공 및 실패사례에서 힌트를 얻어라.

가. 작은 아이디어 성공사례

작은 아이디어의 사례로 지퍼는 Judson이 1893년에 구두 끈 대신 지퍼를 개발했는데, Goodrich회사에서 양복, 점퍼 등에 적용하여 큰돈을 벌었다.

♣ 지퍼의 발명사례

오늘날 우리는 생활 속 많은 물건에서 손잡이 하나만을 잡고 '휘~익' 움직이기만 하면 손쉽게 물건을 여닫으며 살고 있다. 점퍼의 여밈과 가방의 여닫이에서, 부츠와 같은 신발까지 지퍼가 쓰이지 않는 곳이 없다. 지퍼가 없다면 우리는 점퍼를 여미기 위해 코트처럼 단추를 채우고 있어야 하고, 단추를 채웠어도 사이사이 바람이 들어오는 것을 피할 수 없을 것이다.

지퍼는 원래 끈 많은 군화에서 비롯되었다. 1893년 미국의 엔지니어였던 워트컴 저드슨(Whitcomb L. Judson)은 길거리에서 군화를 주워 구두대용으로 신고 다녔는데, 다소 뚱뚱한 편이었던 그가 군화의 많은 끈을 매고 출근하려니 지각을 피할 수 없었다. 그런 그에게 사장이 "그렇게 늦으려면 당장 회사를 그만둬!"라고 질책을 한 것은 어쩌면 당연한 일일 것이다. 이에 발끈한 저드슨은 아예 회사를 그만두고 '군화의 끈매기'를 개량하는 연구에 몰두해 결국 지퍼를 발명해냈다. 발명된 지

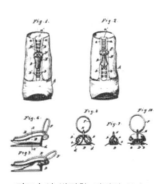

저드슨이 발명한 지퍼의 모습
〈출처: wikipedia〉

퍼는 시카고 박람회에 출품되지만 그의 발명품은 기대 이하로 흥미를 끌지 못하였다.

처음에 저드슨이 개발한 지퍼에는 소형 쇠사슬에 끝이 구부러진 쇠 돌기를 집어넣은 형태여서 편리하기는 하지만 모양이 좀 흉측했다. 그러다 1923년 이를 접한 쿤 모스라는 한 양복점주인이 옷에 맞게 형태를 고치면서 지퍼는 오늘날의 영광을 맞게 되었다. 그리고 1913년 굿리치 사(社)의 선드백(Gideon Sundback)에 의해서 지퍼가 군복과 비행복에 사용되면서 본격적으로 일상생활에서 지퍼가 활용되기 시작하였다.

나. 아이디어(또는 기술예측) 실패사례

IBM의 사장인 토마스 왓슨(1943)은 컴퓨터는 세상에 5대 정도만 있으면 된다고 Personal Computer시장에 대한 예측을 잘 못했으며, 디지털 이큅먼트사의 사장인 켄 올센(1977)도 가정에 컴퓨터를 둘 이유가 없다고 했고, 심지어 마이크로 소프트사의 빌 게이츠(1981)도 640K 램이면 충분하다고 시장 및 기술예측을 잘 못했다.

- "I think there is a world market for maybe five computers."
  ⇒ Thomas Watson, chairman of IBM, 1943

- "There is no reason anyone would want a computer in their home."
  ⇒ Ken Olsen, founder, president and chairman of Digital Equipment Corporation, 1977

- "640K of RAM ought to be enough for anybody."
  ⇒ Bill Gate, Chairman and Co-Founder of Microsoft, 1981

그리고 현재의 MP3에 해당하는 무선 음악박스는 상업적 가치가 없다고 했으며, 전화는 단점이 많아 통신의 수단으로 사용가치가 없다고 했다. 또한, over night delivery service는 좋은 개념이지만 아이디어가 사업화되기 어렵다고 하였지만, 결국 오늘날의 Fedex서비스로 사업화되었다. 이렇듯 미국 특허국의 Charles H. Duel l(1899)이 말하는 것처럼 발명될 수 있는 모든 것은 발명되어 왔다(Everything that can be invented has been invented).

- "The wireless music box has no imaginable commercial value. Who would pay for a message sent to nobody in particular."
  ⇒ David Sarnoff's associates in response to his urgings for investment in radio in the 1920's

- "This 'telephone' has too many shortcomings to be seriously considered as a means of communication. The device is inherently of no value to us."
  ⇒ Western Union internal memo, 1876

- "The concept is interesting and well−formed, but in order to earn better than a 'C,' the idea must be feasible."
  ⇒ A Yale management professor in response to Fred Smith's paper proposing a reliable overnight delivery service. Smith went on to found Federal Express

Action 3 창업 아이디어 개발방법을 활용하라.

가. SCAMPER

SCAMPER는 아이디어 개발방법으로 많이 사용되는데, S는 기존 아이디어를 다른 제품이나 서비스로 아이디어를 바꾸거나 대체해서(Substitute) 개발하는 것을 말하며, C는 보완(Combine)하고 A는 새롭게 적용(Adopt)해 보는 것을 말한다. M은 변형(Modify)시켜 보는 것이고, P는 다른 용도로 생각을 바꾸어 보며 E는 제거(Eliminate)하거나 빼는 것을 시도하고, R은 재정렬(Rearrange)하여 아이디어를 개발하는 것이다. 아래의 경우는 SCAMPER를 이용한 사례를 설명하고 있다.

- S(Substitute): 크린싱크림을 크린싱 티슈로
- C(Combine): 지우개 달린 연필
- A(Adopt): 산우엉 가시에 착안한 매직 테이프
- M(Modify): 오디어 → 워크맨 → MP3
- P(Put to Other Use): 폐 버스, 기차, 배를 활용한 레스토랑
- E(Eliminate): 오픈카, 두바퀴 스케이트보드

– R(Rearrange): 여름에 겨울 상품 판매, 레이블이 밖으로 나오게 하는 빈티지 룩

(Quiz) 실제 아이디어 제품 중 두 가지를 언급하고, SCAMPER방법을 이용하여 설명하시오.

나. 브레인 스토밍(Brain Storming)

브레인 스토밍은 주어진 시간에 참여자들이 자발적으로 참여하여 모든 가능한 다양한 종류의 아이디어를 만들어 내는 방법이다. 이 브레인 스토밍에는 다섯 가지 원칙을 적용해야 효과적으로 운영할 수가 있다.

• (포커스) 특정한 문제에 집중한다.
• (판단의 보류) 아이디어가 창출되는 동안 모든 판단을 보류한다.
• (인정) 참가자가 대중적이지 않은 아이디어를 내 놓았다고 비난해서는 안 된다.
• (연속적인 토론) 토론의 주제를 한 번에 하나로 제한한다.
• (아이디어의 구축) 다른 사람의 아이디어가 가능성이 있을 경우, 그 아이디어를 발전시켜 구축하여야 된다.

(Quiz) 스마트폰으로 사라질 제품에 대해서 Brain Storming을 하시오.

다. 집중 그룹 인터뷰(FGI, Focus Group Interview)

집중 그룹 인터뷰는 신제품 개발 기획 시에 많이 활용되는 기법으로 진행자가 7~15여명의 참여자들을 대상으로 제품영역에 대한 심층적 토론을 이끌어 나가면서 타겟으로 하는 시장의 고객니즈를 충족시키는 제품의 아이디어를 구상하고 대안을 모색하는 방법이다.

라. 마인드 맵

마인드 맵은 한 가지 주제를 가지고 생각되는 단어를 생각으로 이어가는 방법으로 중심체로부터 사방으로 뻗어 나가는 의미를 지닌 방사사고의 표현 방법이기도 하다. 두뇌 잠재력으로 들어갈 수 있는 강력한 그래픽 기술을 가지고 있다. 색상의 사용은 기억을 선명하게 하는 결과를 가져오고 정보저장에 있어 계열성을 이용할 수 있다. 이미지는 강력한 기억효과를 갖게 하고 그 관계를 잘 회상해 내도록 한다. 두뇌는 기억하고 있는 모든 자료에 주관적인 조직화를 부여한다. 심볼은 복잡하고 다중적인 의미를 함축할 수 있어 짧은 시간 안에 강한 느낌으로 많은 정보를 저장하게 한다. 핵심어는 자신에게 최선의 정보를 줄 수 있는 단어로, 통상적으로 2 단어 이내에서 자신의 생각을 정리하게 할 수 있다.

(Quiz) Mind-Map을 이용해서 Apple에 대한 모든 것을 작성하시오.

[그림 5-1] 마인드 맵

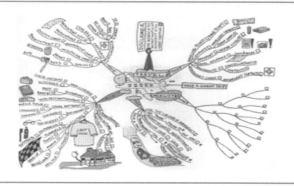

마. 디자인 사고분석(Design Thinking)13)

[그림 5-2] 디자인 사고 분석과정

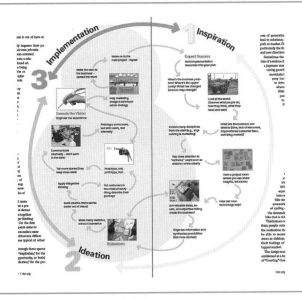

출처: 팀브라운, 디자인에 집중하라, 2015, 김영사.

'디자인 사고는 … 기술적으로 가능한 비즈니스전략에 대한 요구를 충족하기 위하여 디자이너의 감수성과 작업방식을 이용하는 사고방식이다'(IDEO의 팀브라운). 지속적인 혁신이 이루어지기 위해서는 상상의 공간들이 서로 겹치고 포개지는 시스템으로 영감(inspiration), 아이디어(ideation), 실행(implementation)이다. 영감의 공간은 해결책을 찾아 나서도록 동기를 부여하는 환경을 말하고, 아이디어 공간은 해결책을 도출하는 데 도움이 되는 아이디어를 제안하고 발전시키며 테스트하는 것이며, 실행의 공간은 작업실을 떠나 시장으로 나가는 발걸음을 의미한다. 그중 아이디어의 성공적인 구현을 위한 3대 요소는 실행력(가까운 미래에 기능적으로 구현 가능한가), 호감도(소비자들의 긍정적인 반응 또는 그 아이디어의 장점), 그리고 생존력(지속적인 비즈니스 모델로 성장할 가능성이 있는가)이다. 예를 들어 디자이너는 어떤 문제에 대해 다양한 대안을 찾는 혁신적

---

13) 팀브라운, 디자인에 집중하라, 2015, 김영사.

사고와 선택된 대안을 현실에 맞게 다듬는 수렴적 사고를 반복해서 사용한다. 문제에 관해 분석적 사고(좌뇌적 사고)를 할 뿐만 아니라, 논리적 연관성을 뛰어넘는 직관적 사고(우뇌적 사고)를 반복하면서 마지막에 아이디어를 진화시키기 위해 통합적 사고를 하게 된다.

[그림 5-3] 디자인 사고의 프로세스

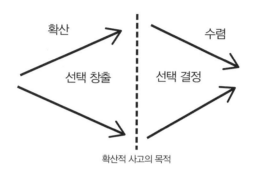

출처: 팀브라운, 디자인에 집중하라, 2015, 김영사.

디자인 사고를 하기 위해서는 확산적 사고와 집중적(수렴적) 사고를 해야 한다. 확산적 사고는 다양한 해결방안을 마련하기 위해 선택의 폭을 넓히는 것이고, 집중적 사고는 현존하는 여러 가지 대안을 놓고 최종결정을 내리는 실용적 방법이다. 이는 문제의 영역이 물리학이든 경제학이든 지속적으로 정보를 수집하여 선택할 수 있는 여러 대안을 창출(선택 창출)하는 것이고, 여러 대안에 대한 분석을 한 다음 궁극적으로 하나의 답으로 수렴(선택 결정)하는 것이다. 디자인 사고의 작업과정은 확산단계와 집중단계 사이에 리듬감 있게 이뤄지는 연속된 교류에 가깝다. 분석과 통합은 확산적 사고와 집중적 사고를 자연스럽게 보완하는 요소이다. 디자이너들이 연구를 진행하는 방식은 다양하다. 그들은 간단한 메모를 하거나 사진을 찍고, 비디오 촬영을 하고, 인터뷰를 하며 비행기에 직접 탑승해 앉는 등 다양한 모습으로 정보를 수집하게 된다. 그러나 자료의 양만 방대해서는 아무 소용이 없다. 어느 시점에서는 자료를 정리하고 분석하는 통합작업을 해야 한다. 요약하면, 확산단계와 집중단계 사이에서, 즉 분석과 통합 사이에서 끊임없이 움직이는 것이 디자인사고인 것이다.

1) 타인의 아이디어를 참조하여 확산적 사고를 하라

확산적 사고를 위해서는 브레인 스토밍이 좋은 방법이다. 그중 IDEO의 브레인 스토밍 원칙 중 중요한 내용은 다음과 같다.

- 판단을 뒤로 하라
- 톡톡 튀는 아이디어를 장려하라
- 주제에 계속 집중하라
- 타인의 발상을 참조하라

♣ 나이키의 어린이용품 디자인 작업사례

- 8~10세로 이루어진 남자아이와 여자아이 그룹으로 나누어 1시간 정도 장난감 아이디어를 개발토록 하다.
- 작업결과: 여자아이들은 200개의 아이디어를 도출한 반면, 남자아이들은 현저하게 적은 50개의 아이디어 도출
- 연구분석 결과:
  - 남자아이들은 자신의 아이디어를 돋보이게 하는 일에 열중한 나머지 다른 아이들에게서 영향을 받았다는 사실을 인식하지 못함
  - 여자아이들은 활발하게 대화를 하면서, 전에 나왔던 아이디어를 발판으로 각각의 아이디어를 제시

브레인 스토밍 중 가장한 중요한 원칙은 타인의 아이디어 발상을 참조하는 것이다. 이는 모든 참가자가 아이디어 생산에 참여하게끔 만들 뿐 아니라 좋은 아이디어를 추진할 수 있는 기회를 뒷받침해 주기 때문인 것이다.

2) 그림을 그려서 아이디어를 표현하는 시각적 사고를 하라

확산적 사고방법 중 한 가지는 그림을 그려서 아이디어를 표현하는 시각적 사고이다. 말로 표현하는 것보다 간단하게 도형과 선, 사람 사물 표현으로 자신의 의도를 명확하게 전달할 수 있다.

| 도형 | 선 | 사람, 사물 |

[그림 5-4] 시각적 사고의 Tool

무엇(What)

무엇은 인물, 사물 또는 특정 개념을 표현하는 개체입니다. 표정이 밝거나, 색상이 붉은 것 또는 달리거나 서 있는 것 같은 상태를 취합니다. 개체 중에서도 인물이 가장 중요합니다. 인격체는 기업을 경영하든 자신을 경영하든 우리가 사는 문제에 대해 가장 효과적인 표현이 되기 때문이죠.

그러나, 정밀한 인물화가 필요하진 않습니다. 앞서 말씀드린 대로 졸라맨이면 충분합니다. 이것도 못 그리시는 분 없죠? (여러분의 자신감 증진을 위한 가장 후진 샘플을 골랐습니다.) 그리고 이 졸라맨들을 기분과 같은 상태도 표현할 줄 압니다. 인물 외에 다른 것들도 단순화시켜 많이 그려보십시오. 조금 더 보기 좋게 보이려면 일러스트 그리기 훈련이 도움이 될 것 같네요.

때로는 개념과 같은 사물로 존재하지 않는 무엇을 표현해야 할 때도 있습니다. 그럴 때, 다양한 은유를 활용할 수 있을 겁니다.

목표   극복

분량(How many or How much)

또한 이 무엇은 크기나 분량을 가지고 있습니다. 단순히 많다는 의미로 많은 수의 동일 개체를 그릴 수도 있고 크다는 의미로 상대적으로 크게 그릴 수도 있습니다.

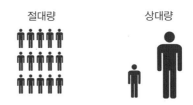

절대량   상대량

상대적 위치(Where)

통상 상대적 위치관계는 격자(매트릭스)나 좌표를 많이 사용합니다. 격자가 꼭 필요한 것은 아니지만 많은 경우 단순히 물리적 위치에 대해서보다는 어떤 개념적 영역의 표현을 요구하는 경우가 많기 때문에 축을 가진 격자나 좌표가 유용합니다.

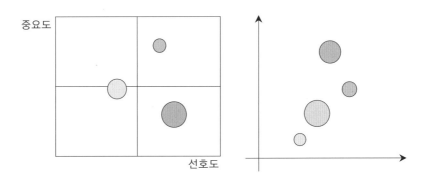

시간(When)

시간에는 2013년 1월 또는 저녁 9시와 같이 단독으로 표현 가능한 '절대시간'과 현재 – 과거 – 미래와 같은 '상대시간'이 있을 수 있습니다.

절대시간은 시계나 달력과 같이 우리에게 매우 친숙한 도구를 그대로 그려도 좋고, 밤이면 달, 낮이면 해와 같이 특정시간을 드러내는 상징을 써도 좋습니다.

절대시간의 표현 예

상대적 시간은 보통 화살표 블록(Time Line)과 같이 흐름을 표현하는 도식을 많이 사용합니다. 이는 특정방향으로 흐르는 표현일 수도 있고, 순환적인 관계의 시간일 수도 있습니다.

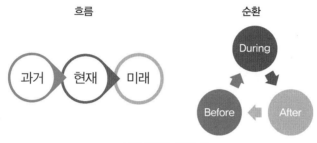

상대시간의 표현 예

절차 또는 방법(How)

절차 또는 방법은 일종의 flowchart로 표현할 수 있습니다. 컴퓨터 프로그래밍에서 유용하게 쓰입니다만 거기서 통용되는 도식을 준수할 필요 없이 일반적으로 이해할 수 있게 오히려 창의적으로 그려내는 것이 인식이나 기억에 유리합니다.

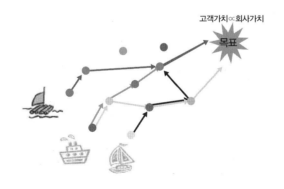

원인(Why)에 대해서는 따로 예시를 들지 않겠습니다. 스토리보딩

출처: 댄로암, 생각을 Show하라 (The back of the napkin), 2008 (http://blog.educasiainc.com/86)

3) 집중적 사고를 하라

Step 1: 1단계에서 브레인스토밍과 시각적 사고로 정리한 조사내용을 대상으로
　　　　포스트잇을 사용하여 아이디어 제시하라

Step 2: 아이디어를 제시한 포스트잇을 Keyword 중심으로 Grouping을 하라

Step 3: Pattern을 포착하라

Step 4: 하나의 아이디어를 Story Board(만화처럼)나 시나리오 작성하기

Step 5: Butterfly Test: ("계속 진행") 아이디어에 Vote를 하여 아이디어 채택

　　디자인 사고는 결국 통합적 사고를 하는 능력이다. 한 번에 한 가지 방법에 대해서만 생각하는 사람에 비해 OR가 아니라 AND라는 접속사를 동원한 연결성 있는 사고를 가지는 사람이 경쟁력이 있는 것이다.

♣ 참고내용: IDEO의 쇼핑카트 사례분석

　　IDEO가 브레인스토밍 방식을 활용하여 미국의 유기농 수퍼마켓인 Whole Food에 새로운 쇼핑카트를 제안하는 내용이다.

(Step 1: 문제를 이해하기)

Understanding

　　쇼핑카트에 대해서 첫 미팅에서 각자의 전문 영역의 관점에서 현 쇼핑카트에 대한 분석을 하게 된다. 쇼핑카트의 문제점으로 안전문제가 제기되는데 매년 공식 집계 상으로만 22,000명의 아동들이 다친다고 하는 내용을 언급한다. 이외에 쇼핑카트를 도둑맞는 문제에 대해서도 언급을 한다.

(Step 2: 관찰하기)

Observing

　　Observing(관찰)을 위해 홀푸트 마켓으로 가서 다양한 활동을 시작한다.

　　고객의 인터뷰에서는 한 고객이 안전문제 때문에 애들 데리고 나오기 무섭다는, 물건을 사기 위해 카트를 여기저기 끌고 다니기 번거롭다는 의견 등을 인터뷰한다.

또한 카트를 끌고 다니는 고객뿐만이 아니라 카트를 관리하는 직원, 매장에서 일하는 직원들을 관찰하고 인터뷰하는 활동을 한다.

이후 사무실로 돌아와 팀별로 관찰한 내용, 인터뷰한 내용을 공유한다.

찍어온 사진 중에 한 아이가 카트에 매달려 있는 장면을 찍은 사진들도 있다. 사진 찍은 것, 인터뷰한 내용을 팀별로 벽에 정리하여 다른 팀과 공유한다.

(Step 3: 통합분석하기)

브레인스토밍 방법은 아이디어를 개진하려면 회의주재자가 들고 있는 종을 울려서 발언권을 획득해야 한다. 이 회의를 주재하는 회의주재자는 나이가 많거나 지위가 높아서가 아닌 조직 논의를 잘 이끄는 능력이 있기 때문에 선택된다. 비디오에서 쇼핑 카트가 위험하니까 아이들 의자를 아예 없애버리자는 과감한 아이디어도 개진된다.

뉴스앵커: "저게 말이 됩니까?"

Kelly: "창의적인 아이디어를 떠올리려면 과격한 생각들이 필요합니다. 다들 똑같은 생각만 한다면 변화는 불가능해요."

진행자: "잘 정리되어야 할 필요가 있을 듯 해보입니다."

Kelly: "우리는 목표 있는 혼돈(focused chaos)이라고 부르죠."

브레인스토밍에서 개진된 아이디어들을 포스트잇에 적어 벽에 붙이고 전체가 참여하는 투표를 거쳐서 유용한 아이디어를 걸러낸다.

뉴스앵커: "왜 회의주재자가 직접 고르지 않고 팀원들에게 판단을 넘깁니까?"

회의주재자: "시행착오가 외로운 천재보다 낫습니다"(Enlightened trial and error succeeds over the planning of lone genius).

진행하면서 계속 시간제한을 하는데, 그렇지 않으면 끝나지 않는다고 한다. 시간제한을 함으로써 짧은 시간 내에 인텐시브하게 아이디어를 많이 개진하게 할 수도 있다. 또한 브레인스토밍 과정 내내 아이디어를 글로 쓰는 것이 아니라 대부분 그림으로 표현하고 아이디어가 구체적으로 발전하면서 그림도 좀 더 구체적으로 된다. 브레인스토밍을 여러 단계에 거쳐서 팀별로 하고 다시 전체가 하고를 반복하면서 아이디어를 정리하는 것을 볼 수 있다.

투표에서 선택된 아이디어들을 네 가지 주제영역으로 나눈다.

Shopping 효율적 쇼핑

Safty 안전성

Check-out 쉬운 계산

finding what you are looking for 원하는 물건 찾기

(Step 4: 프로토타입 만들기)

첫 번째 프로토타입은 손에 들고 다니는 바구니를 얹을 수 있는 형태로 만들어서 카트를 여기저기 끌고 다니는 수고를 줄여준다.

두 번째 프로토타입은 계산대 앞에 줄서서 오래 기다리는 문제를 보완한 작품으로 손잡이에 바코드 스캐너를 달아놓았다.

세 번째 프로토타입은 아이들의 안전을 고려했다고 한다.

네 번째 프로토타입은 카트에 무전기를 달아서 종업원과 통화해서 원하는 물건을 쉽게 찾을 수 있게 해준다. "where can I find a yogurt?"

(Step 5: 최종 제품 제시)

프로토타입의 아이디어를 모두 합쳐서 만들어낸 최종 제품을 선보인다.

-손으로 빼서 들고 다닐 수 있는 장바구니 장착

-올렸다가 내렸다가 할 수 있는 안전손잡이도 추가

-카트는 한적한 곳에 세워놓고 필요한 물건만 장바구니에 살짝 담아 올 수 있도록 장바구니를 탈부착할 수 있음

-바코드 스캐너 장착

-플라스틱 장바구니는 계산 끝나면 계산대에 반납하고, 카트 안쪽 고리에 비닐봉지를 매달도록 함(도난방지)

-앞뒤로 가는 것뿐만이 아닌 옆으로도 밀어서 움직일 수 있음

[그림 5-5] IDEO의 쇼핑카트 사례

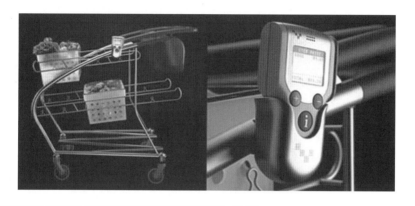

출처: http://innotb.tistory.com/entry/IDEO−shoppingcart

과 제

스탠포드 Tina Seelig 교수(What I wish when I was 20 작가)의 동영상을 보고 5만원과 12시간을 가지고 돈을 벌 수 있는 방법을 디자인 사고분석(예: 시각적 사고의 Tool도 포함)을 활용하여 제안하시오.
http://ecorner.stanford.edu/authorMaterialInfo.html?mid=2266

◈ 참고문헌

댄로암(2008), 생각을 Show하라 (The back of the napkin),
    http://blog.educasiainc.com/86
팀브라운, 디자인에 집중하라, 2015, 김영사.
Tina Seelig(2009), What I wish when I was 20.
http://innotb.tistory.com/entry/IDEO−shoppingcart

6. 비즈니스 모델(Business Model)에 대한 이해

구 분	주요내용
문제 제기	내가 가진 벤처 사업아이디어로 어떻게 돈을 벌 수 있는가(How to make money)?
문제해결 중심내용 (Problem-based Learning)	- 벤처 사업아이디어가 수익모델이 될 수 있게 비즈니스 모델 분석을 한다. - 비즈니스 모델 캔버스를 활용하여 I-pod 사례에 적용해 본다. - 기술집약형이고 기업가 정신의 특성을 가진 스타트업에 맞는 비즈니스 모델인 린 캔버스를 이해한다. - 다양한 스타트업 비즈니스 모델 유형을 이해한다.

Action 1 비즈니스 모델분석에 대해 이해한다.

가. 비즈니스 모델 캔버스란[14]

비즈니스 모델 캔버스(Business Model Canvas)는 기존 비즈니스 모델을 개발하는 전략적 관리 템플릿이다. 기업의 가치 제안, 인프라, 고객 및 재무를 설명하는 요소를 시각적으로 나타내는 차트이다. 또한 이것은 기업의 잠재적인 트레이드-오프에 대한 설명을 통해 기업의 활동을 정렬하는 것을 지원합니다. 비즈니스 모델 캔버스는 Alexander Osterwalder의 Business Model Ontology(2004) 논문을 기반으로 처음 제안되었다. 다양한 비즈니스 개념이 존재하지만, A. Osterwalder의 비즈니스 모델 캔버스는 비즈니스 모델개념의 폭 넓은 범위의 유사성을 바탕으로 하나의 참조 모델을 제안하고 있다(Wikipedia).

---

14) 출처: www.businessmodelgeneration.com (김지호, 박정혜 번역).

<table>
<tr><td>동 영 상</td><td>https://www.youtube.com/watch?v=2FumwkBMhLo
Alexander Osterwalder: Business Model Canvas</td></tr>
</table>

[그림 6-1] 비즈니스 모델 캔버스

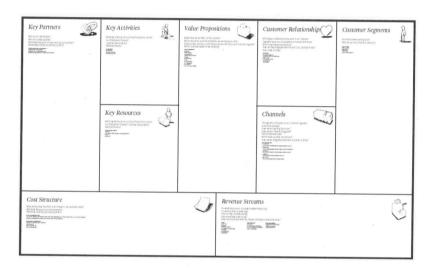

출처: Osterwalder, Pigneur & al.(2010), Business Model Canvas: nine business model building blocks.

비즈니스 모델 캔버스는 핵심활동(Key Activities), 핵심자원(Key Resources), 핵심 파트너(Key Partner), 가치 제안(Value Proposition), 고객관계(Customer Relationships), 채널(Channels), 고객 세분화(Customer Segments), 비용구조(Cost Structure), 수익원(Revenue Streams) 등 9개 블록으로 설명하고 있다. 인프라(Infrastructure)는 핵심활동(Key Activities), 핵심자원(Key Resources), 핵심 파트너(Key Partner)로 구분하였으며, 고객(customer)은 고객관계(Customer Relationships), 채널(Channels), 고객 세분화(Customer Segments)로 구분하였으며, 재무활동은 비용구조(Cost Structure), 수익원(Revenue Streams)으로 구분하였다. 또한 수익과 비용으로 구분할 경우, 가치제안을 중심으로 고객관계(Customer Relationships), 채널(Channels), 고객 세분화(Customer Segments) 등을 통해 수익을 창출

하며, 핵심활동(Key Activities), 핵심자원(Key Resources), 핵심 파트너(Key Partner)를 통하여 비용구조가 이루어진다.

나. 고객관점 공감지도(Empathy map) 만들기

비즈니스 모델을 디자인하기 위해서는 고객관점에서 고객 세분화, 가치제공, 고객채널, 고객관계, 수익 등이 고려되어야 한다. 이때 사용할 수 있는 방법이 공감지도인데, 공감지도는 엑스플레인(XPLANE)사가 개발한 비쥬얼 씽킹(Visual thinking)방법으로 초 간단한 고객 파일러(Really simple customer profiler)이다.

[그림 6-2] 공감지도

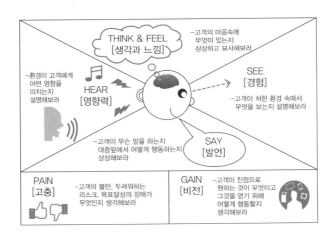

출처: http://blog.naver.com/warmair/60194162560

(THINK & FEEL) 고객의 마음속에 무엇이 있는지 작성하시오.
(HEAR) 환경이 고객에게 어떤 영향을 미치는지 작성하시오.
(SEE) 고객이 처한 환경 속에서 무엇을 보는지 작성하시오.
(SAY) 고객이 무슨 말을 하는지 작성하시오.

(PAIN) 고객의 불만, 고충 등을 작성하시오.

(GAIN) 고객이 얻고자 하는 것이 무엇인지 작성하시오.

[공감지도 사용방법]

1. (브레인 스토밍) 제품 또는 서비스를 사용하는 비즈니스 모델상의 모든 고객을 찾기 위해 브레인 스토밍을 한다.

2. (고객 선정) 3개 정도의 고객후보를 걸러내고, 그 중 하나를 선정한다.

3. (고객 특징부여) 선정된 고객 하나에 이름을 붙이고, 인구통계학적 특징(결혼, 나이, 성별, 소비습성 등)을 부여한다.

4. (고객 프로파일 작성) 화이트보드나 포스트잇을 활용하여 6가지 질문에 답을 하여 고객 프로파일을 작성한다.

[공감지도 작성 사례]

[그림 6-3]　공감지도 작성 사례

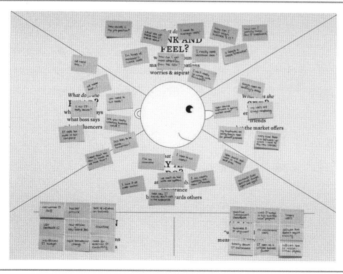

출처: XPLANE

[참고 사이트]

http://www.innovationgames.com/empathy−map/

공감지도를 웹에서 작성가능

다. 9 Building Blocks

1) 고객 세분화(Customer segments)

비즈니스 모델을 고려할 때 제일 먼저 고려해야 되는 것이 고객이며, 속해 있는 시장의 성격, 고객의 세분화가 매우 중요하다. 비즈니스는 하나 이상의 Target Customer에게 제품이나 서비스를 제공하고, 고객이 처한 문제를 해결해 주며 욕구와 니즈를 충족시켜 주는 특정한 가치를 제공해 주어야 한다. 그리고 고객 중 가장 중요한 고객이 누구인지도 파악을 해야 한다.

(체크 포인트)

매스마켓(Mass market)

틈새시장(Niche market)

Segment가 명확한 시장

복합적인 Segment가 혼재되어 있는 시장인 멀티 사이드(Multi−sided) 시장

2) 가치 제안(Value Proposition)

가치 제안은 고객의 요구를 충족하기 위해서 비즈니스가 제공하는 제품 및 서비스의 모음이다. Osterwalder(2004)에 따르면, 기업의 가치 제안은 경쟁에서 자신을 차별화해야 한다. 가치 제안은 새로움, 성능, 사용자 정의 등 다양한 요소를 통해 가치를 제공하고, 일을 끝내는 형태로 디자인, 브랜드 / 상태, 가격, 비용 절감, 위험 감소, 접근성 및 편의 / 사용성을 제공하는 것이다. 또한 가치 제안은 양적으로는 가격과 효율성을, 질적으로는 전반적인 고객경험 및 outcome이 된다.

(체크 포인트)

고객에게 어떤 가치를 제공할 것인가.

제공하는 가치가 고객의 문제점을 해결하는가.

제각기 다른 목표고객에게 어떤 가치를 제공하는가.

고객의 니즈를 충족시켜 주는가.

3) 채널(Channels)

채널(Channels)은 각각의 목표고객에게 어떤 채널을 통해 가치제공이 되어지고 있는지를 말한다. 어떤 방법(온라인 또는 오프라인 등)이 고객이 원활하게 상품이나 서비스를 구매할 수 있을 것인가를 고민해야 하며, 판매 이후에도 구매고객을 어떻게 지속적으로 지원하고 피드백을 받을 수 있는지를 생각해야 한다.

예를 들어, A 회사는 다른 채널을 통해 자사의 목표 고객에의 가치 제안을 제공할 수 있다. 효과적인 채널은 빠르고, 효율적이고 효과적인 비용 방식으로 기업의 가치 제안을 제공한다. 그 회사는 자신의 채널(매장 앞), 파트너 채널(주요 유통 업체), 또는 두 가지 모두의 조합을 통해 고객들에게 다가 갈 수 있다.

(체크 포인트)

각각의 고객 세그먼트에게 어떤 채널을 통해 가치제공이 되어지고 있는가.

어느 채널이 가장 효과적인가.

어느 채널이 가장 비용측면에서 효율적인가.

채널은 어떤 기준으로 통합되어 있는가.

4) 고객관계(Customer Relationships)

고객관계는 각각의 고객 세그먼트들이 어떤 방식(예: assist, self service, automatic service, co-creation 등)의 고객관계가 만들어지고 유지되길 원하고 어떤 고객관계를 확립하는가를 말한다. 고객과의 관계는 비용이 얼마나 드는가를 고려하여 정하게 되며, 각각의 고객 세그먼트별로 특징적으로 정해지고 유지된다.

(체크 포인트)

고객과의 관계를 개별적으로 어시스트할 것인가.

고객과의 관계는 매우 헌신적인 개별적 어시스트를 할 것인가.

고객과의 관계는 셀프 서비스인가.

고객과의 관계는 자동화 서비스인가.

고객과의 관계는 커뮤니티를 통해 지원할 것인가.

고객과의 관계는 코－크리에이션으로 할 것인가.

5) 수 익 원

가치 제안을 중심으로 고객 세분화(Customer Segments) 채널(Channels), 고객관계 (Customer Relationships)를 통해 수익을 창출하며, 특히 벤처기업은 고객들에게 전달하려하는 가치를 성공적으로 제안했을 때 수익을 얻는다. 수익의 형태는 물품을 판매, 이용료, 가입비, 대여료 및 임대료, 라이센싱, 중개수수료, 광고 등이 있다. 수익을 창출하는 데 있어서 무엇보다도 중요한 부분은 가격인데, 가격은 보통 고정 가격제와 변동 가격제가 있다. 고정 가격제는 정가이며, 제품 특징 의존적, 고객 세그먼트 의존적, 물량 의존적이고, 변동 가격제는 협상 또는 흥정이 필요하며 수익관리(Yield management)가 요구되고 리얼타임 시장(Real time market)을 반영해야 한다.

(체크 포인트)

고객들은 어떤 가치를 위해 기꺼이 돈을 지불하는가.

현재 무엇을 위해 돈을 지불하고 있는가.

현재 어떻게 지불하고 있는가.

고객들은 어떻게 지불하고 싶어 하는가.

각각의 수익원은 전체 수익에 얼마나 기여하는가.

6) 핵심자원

핵심자원은 고객을 위한 가치를 창출하는 데 필요한 자원이고, 사업을 유지하고 지원하기 위해 필요로 하는 기업의 자산으로 간주되며, 이러한 자원은 인력, 재무, 물리적 및 지적자산이 해당된다.

(체크 포인트)
우리의 가치 제안은 어떤 핵심자원을 필요로 하는가.
공급채널을 위해선 어떤 자원이 필요한가.
고객관계 및 수익원을 위해선 어떤 지원이 필요한가.

7) 핵심활동(Key Activities)

핵심활동(Key Activities)은 기업의 가치제안을 실행에 옮기는데 가장 중요한 활동에 해당하며, 핵심자원을 통해 수행되어져 생산으로 이루어지고 문제해결, 플랫폼 및 네트워크가 구축된다.

(체크 포인트)
우리의 가치제안은 어떤 핵심활동을 필요로 하는가.
공급채널을 위해선 어떤 활동이 필요로 하는가.
고객관계 및 수익원을 위해선 어떤 활동이 필요로 하는가.

8) 핵심 파트너쉽(Key partnership)

핵심 파트너쉽은 자신의 핵심활동에 집중할 수 있도록 작업을 최적화하고 비즈니스 모델의 위험을 줄이기 위해, 벤처기업은 일반적으로 구매자 공급 업체 관계를 육성하여, 합작 투자, 경쟁 또는 비경쟁 사이의 전략적 제휴를 통해 전략사업을 제휴한다. 또한 특정한 일부 활동들은 아웃소싱(Outsourcing) 등 외부의 핵심 파트너를 통해 수행될 수도 있으며, 또한 일부자원(Resources)을 외부에서 얻을 수도 있다.

(체크 포인트)
누가 핵심 파트너인가.
우리의 핵심 공급자(Supplier)는 누구인가.
파트너로부터 어떤 핵심자원을 획득할 수 있는가.

핵심 파트너가 어떤 핵심활동을 수행하는가.

9) 비용구조

비즈니스 모델의 여러 요소를 수행하기 위해서는 비용이 발생하게 되는데, 핵심활동(Key Activities), 핵심자원(Key Resources), 핵심 파트너(Key Partner)를 통하여 비용구조가 이루어진다. 벤처기업의 사업내용이 가치주도인지 비용주도인지를 파악하여 비용주도인 사업인 경우에는 보다 더 비용관리에 중점을 두어야 한다. 비용은 고정비와 변동비로 구분이 되며 규모의 경제, 범위의 경제를 고려해야 한다.

(체크 포인트)

비즈니스 모델이 안고 가야 하는 가장 중요한 비용이 무엇인가.

어떤 핵심자원을 확보하는 데 가장 많은 비용이 드는가.

어떤 핵심활동을 수행하는 데 가장 많은 비용이 드는가.

Action 2 | 비즈니스 모델 캔버스를 활용하여 I-pod 사례에 적용한다.

I-Pod 사례분석[15]

1) 가치제안

• 아이팟은 갖고 싶은 디자인과 편리하게 음악파일을 들을 수 있는 기능만 제공하면 CD대신 MP3파일을 들을 것이라고 차별적인 가치제안

---

15) 출처: A. Osterwalder(2008), Business Model Innovation Examples Series: Issue 2, iPod.

[그림 6-4] 아이팟의 가치제안

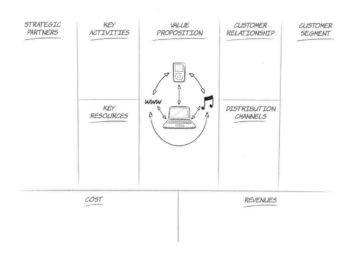

- 애플 스토어를 연계하여 애플의 단순한 인터페이스 디자인, 애플의 어떤 기기에서도 일관된 콘텐츠를 익숙하게 사용할 수 있도록 일관성 등 애플의 소비자의 경험(User Experience)을 창출
- 애플은 고객에게 진정한 경험을 제공하여 애플에 대한 진정성 가치를 제공
- Online인 아이튠즈와 연결하여 Mobile기기인 아이팟의 수익모델 창조

2) 고객 세분화
- 애플의 고객은 포르쉐 자동차를 구입하는 상류의 주류계층을 타겟으로 고객 세분화
- Apple 스토어를 통해 차별적인 A/S를 제공하여 애플 매니아 고객을 형성

[그림 6-5]   아이팟의 고객 세분화

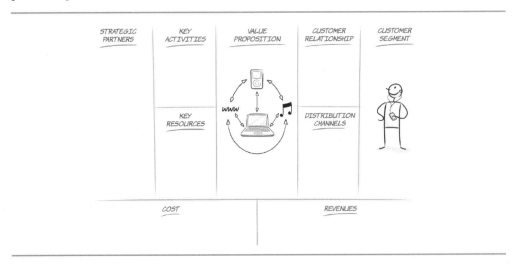

3) 유통 채널 선택

• 아이팟의 유통 채널은 Retail Selling, 애플 스토어를 통한 A/S 및 부가적 판매,
온라인을 통한 음원 판매 등 다양한 유통 채널을 이용하여 수익 극대화

[그림 6-6]   아이팟의 유통 채널 선택

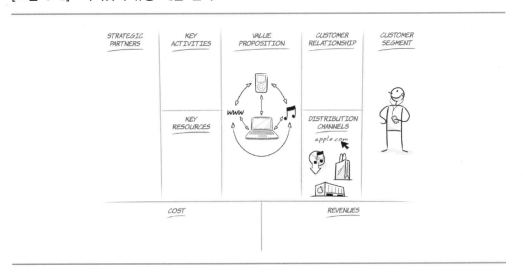

4) 고객관계 및 수익원

[그림 6-7] 아이팟의 고객관계 및 수익원

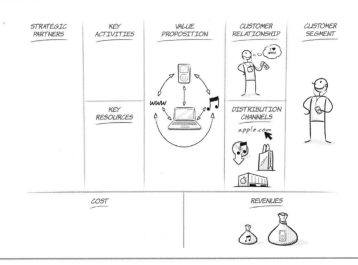

- 고객관계는 애플에서의 경험으로 애플에 대한 진정성을 경험하고, 이것이 높은 고객 충성도 및 재구매로 이어지게 하고 있음
- 오랜 기간 동안 다양한 제품에도 불구하고 제품의 일관성 및 제품에 대한 진정성을 경험함에 따라 고객관계의 신뢰감이 매우 높음
- 소비자들은 A/S를 받으러 왔다가 추가적으로 애플제품을 구매하여 수익이 추가로 발생하도록 유도(부가적 판매수익 발생)
- 유료 콘텐츠 지불에 대한 거부감을 제거하여 음원 유료화를 지분하는 생태계 창출

5) 핵심자원

[그림 6-8] 아이팟의 핵심자원

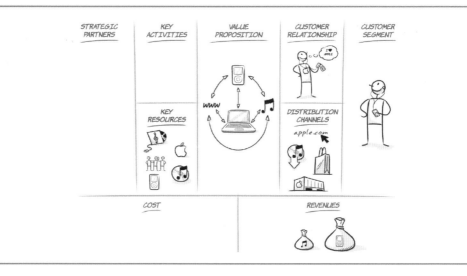

- 아이팟의 핵심자원 중 인력에 대한 부분은 좋은 인력을 적재적소에 활용
- 애플의 디자인 총괄 책임자인 조나단 아이브는 주로 욕실 인테리어 디자이너인데 스티브 잡스에 의해 발탁이 되어 애플의 독창적인 디자인인 아이팟과 아이맥을 탄생
- 애플은 전혀 다른 분야에 있는 좋은 인력을 채용하여 애플다운 디자이너를 위한 최적의 인재를 활용

6) 핵심활동 및 전략적 파트너쉽

[그림 6-9]   아이팟의 핵심활동 및 전략적 파트너쉽

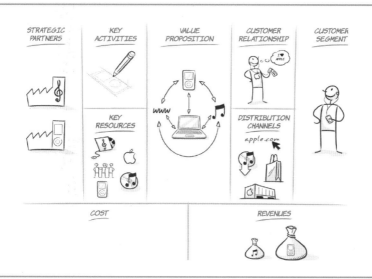

- 생산자 창작권을 극대화하여 소프트웨어가 하드웨어를 지배하는 수익구조 창출
- 신 기술에 대한 다양한 특허출원 활동을 통해 지속적으로 혁신
- 애플은 기존 모든 이슈를 해결하려는 노력으로 Remix와 Fix능력에 핵심활동 집중
- 구글 등 전략적 파트너를 활용하며, 시장 환경에 따라 신축적으로 변화하고 있음

7) 비용구조

[그림 6-10]   아이팟의 비용구조

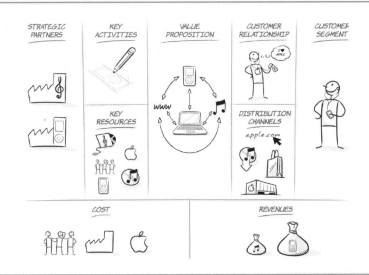

- 아이팟 기능 단순화로 생산단가 절감
  - 다양한 기능은 다수의 H/W 및 S/W 추가를 의미하여 생산비 증가
- 제품에 대한 생산공장을 중국으로 이전하여 생산Cost Down
- 홍보 비용
  - 신규제품 발표시 샌프란시스코의 버스 광고, 옥외광고를 모두 구입 및 주변의 old광고를 신규광고로 대체

Action 3	스타트업에 맞는 린 캔버스를 이해한다.

Ash Maurya(2012)는 Osterwalder의 비즈니스 모델 캔버스 접근법이 성공적인 기업에 초점이 맞추어진 분석으로, 스타트업에 맞는 비즈니스 모델을 제시하였다. 린 캔

[그림 6-11] 린 캔버스

Problem Top 3 problems	Solution Top 3 features	Unique Value Proposition Single, clear, compelling message that states why you are different and worth buying	Unfair Advantage Can't be easily copied or bought	Customer Segments Target customers
	Key metrics Key activities you measure		Channels Path to customers	
Existing Alternatives		High-Level Concept		Early Adopters
Cost Structure Customer acquisition costs, Distribution costs, Hosting, People, etc			Revenue Streams Revenue model, Life time value, Revenue, Gross margin	

출처: Ash Maurya(2012).

버스는 세분화된 고객(Customer Segments), 고유가치 제안(Unique Value Proposition), 경쟁우위(Unfair Advantage), 유통채널(Channel), 수익흐름(Revenue Streams), 문제(Problem), 솔루션(Solution), 핵심지표(Key Metrics), 비용구조(Cost Structure)로 변형해서 제시하고 있다. 오스왈더의 비즈니스 모델 캔버스와 비교하면, 다른 요소는 경쟁우위, 문제, 솔루션이다. 시장(market)을 분석하는 요소로 세분화된 고객, 경쟁우위, 유통채널, 수익흐름을 활용하고 있으며, 제품(Product)을 분석하는 요소로 문제, 솔루션, 핵심지표(측정해야 하는 주요 활동), 비용구조를 사용한다.

린 캔버스 작성순서는 Problem을 정의한 후, Customer Segments를 결정한다. 그리고 자기만 줄 수 있는 Unique Value Proposition을 정의한 후 Solution, Channel을 작성한다. 그리고 수익모델 Revenue Streams과 비용 Cost Structure를 작성한 후 성과를 측정가능한 핵심 활동인 Key Metrics를 정의한다. 그리고 마지막으로 자신만이 가지고 있는 경쟁우위인 Unfair Advantage를 작성하면 하나의 비즈니스 모델이 완성된다.

고객은 전체고객, 유효고객, 목표고객 3가지로 나누어 스타트업이 빨리 고객을 확보할 수 있게 최우선 거점고객을 선정하는 것에 초점을 맞추고 있다. 가치제안을 위

[그림 6-12] 린 캔버스 작성순서

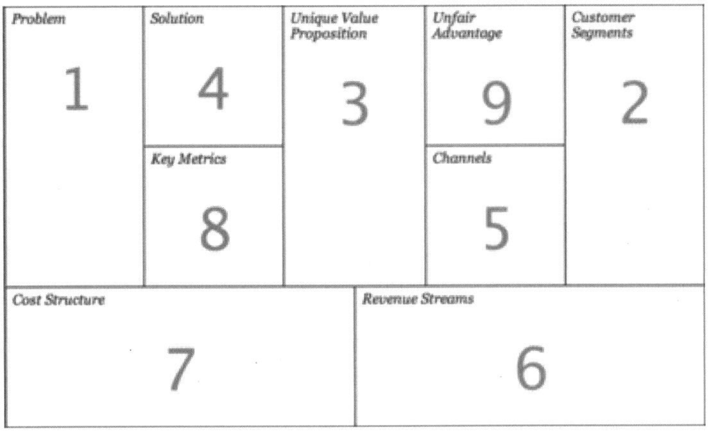

출처: Ash Maurya(2012).

해서는 고객의 문제를 정의하고 솔루션을 제시해서 고객이 제품을 구입하는 이유와 다른 제품과의 차이점(경쟁우위)을 알기 쉽고 명쾌하게 한 줄로 메시지를 제시한다. 경쟁우위는 기존/잠재적 경쟁자들이 따라 할 수 없는 나만의 핵심 경쟁 우위를 정의한다. 그리고 창업자가 세운 가치제안에 대한 문제를 검증하기 위해 고객 인터뷰를 통해 솔루션을 제시한다. 핵심지표는 예를 들어 웹/어플리케이션 등 온라인 서비스가 중심인 경우, 고객 재방문율, 재구매율, 구매 도달률, 고객당 평균 수입(ARPU) 등을 핵심지표로 설정하여 해당 지표가 원하는 수준으로 나올 때까지 제품/서비스 컨셉이나 홍보 방법들을 다양하게 시도해 볼 수 있도록 만든다. 마지막으로 경쟁 우위가 없는 경우에는 해당 비즈니스의 수익성이 확인되면 무수한 경쟁자에 노출될 가능성이 높다.

| Action 4 | 다양한 스타트업 비즈니스 모델 유형을 이해한다. |

　고객에게 제공하는 가치에서 수익을 창출하기 위해서는 비즈니스 모델을 검토하고 혁신적인 비즈니스 모델을 설계해야 한다. 비즈니스 모델은 고객에게 가치를 제공하고 그 대가로 내가 취할 수 있는 가치를 결정하는 기준과 방법이다. 가급적 고객가치 기반의 비즈니스 모델과 가격체계를 구축하기 위해 꾸준히 노력을 해야 한다. 비즈니스 모델은 사업 환경에 따라 달라지며 보편적인 비즈니스 모델은 없다. 그러나, 일반적으로 채택하는 비즈니스 모델 유형을 이해하면 본인에게 가장 적합한 모델을 선택하는 데 도움이 된다. 이 책에서는 MIT 스타트업 바이블에서 제시하는 17가지 비즈니스 모델 유형(빌 올렛, 2014)과 최환진의 22개 비즈니스 모델 유형(이민화, 2015)을 정리해서 제시한다.

1) 일시불 선지급 및 유지 보수비(One-time Up-Front plus Maintenance)
- 고객이 제품 및 서비스를 구입 후 선불로 지급하고 유지보수비용도 추후 지급하는 구조
- 이 모델은 구입 후 지속적인 매출 창출능력이 있어야 함
- 사례: (웅진 코웨이) 정수기를 팔고 부품 등 정수기를 전반적으로 유지 보수하면서 매출창출

2) 원가기준(Cost Plus)
- 고객에게 제품 생산비용에 일정비율을 더한 가격을 받는 구조
- 정부 계약에서 주로 사용
- 비용산정 기준이나 회계기준에 대한 합의가 전제조건

3) 투입시간(Hourly Rates)
- 서비스업에서 주로 채택하며, 비용이 아니라 시장수요에 따라 투입시간 베이스

로 가격이 결정되는 구조

4) 사용료(Subscription or Leasing Model)

- 일정기간을 기준으로 비용을 부과하는 방식
- 지속적인 매출이 발생 가능
- 사례: (신문사) 연 구독료를 연간 또는 다년간 약정하기 위해 할인해서 초기에 현금을 확보. 월 단위 약정인 경우, 벤처기업은 연간 계약에 비해 높은 가격을 부과할 수 있음

5) 기술이전(Licensing)

- 특허를 이전하고 사용료를 받는 모델
- 벤처기업 입장에서는 생산과 판매역량을 위해 대규모 투자를 유치할 필요 없음
- 고객의 입장에서는 사용료를 지불하지 않고 개선할 수 있는 방법을 찾을 수 있음
- 사례: (생명공학 기술) 기반시설 확보에 막대한 비용이 필요한 분야에서는 쉽게 신규진입하기가 어렵기 때문에 매력적인 비즈니스 모델

6) 소모품(Consumables)

- 고객과 기업에게 모두 이익을 주는 모델로서,
    - 고객은 낮은 초기비용과 사용량에 따라 비용을 지불하고,
    - 벤처기업 입장에서는 신규고객 획득과정에서 판매비를 줄이고 한 고객에게서 매출을 장기간 극대화할 수 있음
- 사례: (질레트) 면도기와 면도날
    (HP) 프린터와 잉크 카트리지

7) 업셀링(Upselling with High-Margin Products)

- 추가로 판매하는 고수익 제품으로 높은 총이익을 달성하는 모델
- 사례: (가전제품) 가격을 원가에 가깝게 책정하고 이익률이 높은 부품을 판매
    (자동차제품) 부품판매 및 서비스에서 높은 매출을 달성

8) 광고(Advertising)

- 신문, 잡지, 웹사이트의 경우, 독자나 방문자에게 접근하고자 하는 제3자로부터 수입을 얻음
- 광고모델에만 의존하는 신생기업은 성공하기 어렵기 때문에 다양한 수입원이 요구됨
- 사례: (구글) 광고주가 원하는 집단을 선별하는 탁월한 능력을 갖추고 광고수입이 일정규모에 도달할 경우에만 수익성이 뛰어난 모델

9) 정보제공(Reselling the Data Collector Temporary Access to It)

- 공짜 제품으로 최종 사용자를 확보한 후, 그 최종 사용자 정보를 제3자에게 제공하고 수입을 얻는 모델
- 사례: (링크드 인) 취업을 원하는 취업 희망자에 대한 정보를 확보하고 기업의 채용 담당자에게 광범위한 회원정보에 접근권을 제공

10) 거래 수수료(Transaction Fee)

- 판매로 이어지는 소개 고객에 대해 수수료를 받는 모델
- 사례: (이베이) 판매자가 지불하는 경매 수수료
  (신용카드) 가맹점의 매출액 중 일부를 수수료로 부과

11) 종량제(Usage-Based)

- 사용량에 따라 비용을 부과하는 모델(전기요금 등)
- 사례: (클라우드 서비스업체) 사용량에 따라 비용을 요구하며, 고객들은 유휴용량에 대해 비용을 지불할 필요가 없고 사용량에 따라 비용을 통제

12) 정액 요금제(Cell Phone Plan)

- 사용량과 가격을 정하여 반복적으로 부과하는 모델
  - 초과 사용량에 높은 비용을 부과하며, 기본요금은 초과 사용량에 부과하는 요금보다 낮음
- 사례: (핸드폰 요금) 기본요금에 데이터 초과 사용량에 대해 요금 부과

13) 주차요금 또는 범칙금(Parking Meter or Penalty Charge)

- 기본요금은 매우 낮으며, Penalty에서 큰 돈을 받는 형태
- 단점은 충성고객이 이탈 가능성이 있음
- 사례: (신용카드 회사) 카드사용금액을 매달 잘 내다가 연체료를 부과할 때는 큰
  금액을 부과

  (블록버스터) 연체료를 받았는 데 반해,

  (넷플릭스) 연체료를 안 받고 있음

14) 소액결제(Microtransactions)

- 소액결제(천원 이천원 등)로 티클모아 태산을 만들 수 있는 모델
- 사례: (온라인 게임 산업) 고객이 신용카드로 소액을 결제하고 디지털 상품을 구매

15) 비용 절감 공유(Shared Savings)

- 고객이 제품을 통해 비용을 절감하거나 혜택을 받을 경우에만 비용을 요구할
  수 있는 모델
- 간결하지만 실행이 복잡해 도입하기 어려운 구조
- 사례: (Ameresco) 에너지 절약형 시설에 투자한 뒤 절감액으로 투자비를 회수하
  는 에너지 절약사업

16) 프랜차이즈(Franchise)

- 아이디어와 능력은 있는데 제품을 출시할 의지, 기술, 자본이 없다면 프랜차이
  즈 모델을 도입하여 매출의 일부를 차지하는 모델

17) 유지보수(Operating and Maintenance)

- 제품을 만들지 않고 공장이나 다른 시설물을 관리하는 대가로 사업을 영위하는
  모델
- 사례: 컨설팅 계약으로 에너지 분야에서 보편적으로 채택하는 모델

18) 가치 공유 모델

- 사용의 빈도나 활용이 높지 않은 자원들을 이를 필요로 하는 이해관계자들이 필요한 시기에 필요한 시간이나 기간 동안 적절한 비용을 지불하고 사용할 수 있도록 지원하는 서비스나 제품을 제공하는 모델
- 사례: Uber, 한국 가쉐어링, 오픈 컬리지, Airbnb 등

19) 크라우드 소싱 vs 크라우드 펀딩

- 크라우드 소싱: 기업활동에 사용자와 고객들이 참여할 수 있도록 개방하고 이를 통해 만들어진 가치를 함께 나눌 수 있는 모델(사례: Innocentive)
- 크라우드 펀딩: 인터넷이나 모바일 등의 온라인을 통해 다수의 개인이나 투자자들로부터 소규모의 후원이나 투자를 받는 모델(영화업계의 마케팅비용에 대한 크라우드 펀딩)

과 제	아래 크레이그리스트 사례분석을 통해 비즈니스 모델 유형과 개선할 점을 찾아라.

♣ 참고사례: 크레이그리스트

아직 한국에 잘 알려져 있지 않지만, 가장 성공적인 공유 경제 서비스는 이미 세계적으로 자리잡은 '크레이그리스트(Craigslist, www.craigslist.org)'이다. 1995년도에 크레이그 뉴마크가 미국 샌프란시스코의 지역정보를 제공하기 위해 시작한 크레이그리스트는 간단하게 말해 '온라인 벼룩시장'이다. 근본적으로 크레이그리스트는 철저하게 개인간 거래(P2P)로 이루어지는데, 흔한 배너 광고가 하나도 없고, 지역 카테고리와 회원이 올려놓은 물품 리스트만 존재하며, 운영자가 개입하는 일 없이 회원들이 자유롭게 e메일을 주고받으며 거래하는 곳이다. 하지만 외관상 별볼일 없어 보이

는 크레이그리스트의 기업가치가 트위터와 동일한 30억 달러(약 3.2조 원)에 이르고, 미국에서만 월 순방문자가 약 6,200만이며, 전세계 영문 웹사이트 중 페이지뷰 순위가 7위이다.

하지만 15년 동안 특별한 기술적 혁신과 디자인 업그레이드 없이 변함없는 모습을 유지하고 있는 크레이그리스트에 대해서 어느덧 불만이 하나 둘씩 쌓인 상태이다. 그래서 요즘 실리콘밸리의 최고 관심사 중 하나는 크레이그리스트를 대체할 수 있는 새로운 서비스의 발굴이다. SNS의 유행 및 모바일 기술의 발전 덕분에 그 가능성은 점점 높아지고 있다. 현재 이베이(ebay classifieds), 잘리(Zaarly), 야드셀러(yardseller) 등 다양한 서비스들이 크레이그리스트 킬러(Craigslist Killer)가 되기 위해서 노력하고 있다.

국내에서도 비슷한 흐름을 확인할 수 있다. 경기가 침체되면서 중고물품 거래가 급격하게 증가하고 있는데, 개인 간 거래가 제일 활발하게 이뤄지는 곳은 '중고나라' 네이버 카페. 약 900만 회원을 자랑하고 있고 누적된 중고물품 수도 압도적이다. 하지만 중고나라는 기본적으로 카페 형태이기 때문에 단순한 게시판 이상으로 중고거래에 최적화된 기능들을 제공하지 못하는 것이 한계다. 이러한 틈새를 노리고 새로운 서비스들이 등장하고 있으며, 특히 모바일 기술의 발달 때문에 변화의 속도가 빨라지고 있다. 출시 1년도 채 안되는 기간에 35만건의 아이템을 확보한 모바일앱 '헬로마켓'이 대표적이다. 헬로마켓의 실적 중 괄목한 만한 것은 무려 약 43%의 거래성사율로 160억원대의 거래를 성공시켰다는 것. 헬로마켓은 8월 말 웹사이트 오픈(www.hellomarket.com)과 함께 본격적으로 '중고나라'를 비롯한 온라인 카페 형태 중고장터들을 대안하는 서비스를 제공할 예정이다.

실상 개인간 중고 거래는 결코 쉬운 분야가 아니다. 신뢰성 확보 및 사기 방지, 법적으로 허용이 안 되는 물품 거래의 방지 등 여러 가지 문제점을 가지고 있다. 또한 이 때문에 공유경제 서비스 분야에는 단순한 상거래 커머스 전문가가 아닌 다양한 분야의 맨파워가 필요하다. 즉 경제, 법률적인 이슈로부터 개인들의 심리, 사회문화적 맥락까지 읽어내고, 피드백을 통하여 끊임없이 소통하면서 발생하는 문제에 대해 대안을 만들어낼 수 있어야 한다는 것. 그래서 대기업 등이 대규모 자본의 힘으로만 밀어붙여서 쉽게 성공할 수 있는 시장구조가 아니다.

출처: 벤처스퀘어, 2012/08/17 (http://www.venturesquare.net/3014).

과 제	본인이 제안한 벤처 아이디어에 대해 1. 린 캔버스를 작성하시오. 2. 해당되는 비즈니스 모델 유형을 찾고 설명하시오.

◈ 참고문헌

빌 올렛(2014. 6), MIT 스타트업 바이블, 백승빈 역, 비즈니스북스.

벤처스퀘어(2012. 8. 17), http://www.venturesquare.net/3014.

이민화(2015), 창업방정식 — 제 2 한강의 기적을 위하여, 창조경제연구회.

Ash Maurya(2012), Lean Canvas.

Osterwalder, A. Yves Pigneur, Alan Smith, and 470 practitioners from 45 countries(2010), *Business Model Generation*, self published.

Osterwalder, A.(2004), "The Business Model Ontology — A Proposition In A Design Science Approach", PhD thesis University of Lausanne.

Osterwalder, Pigneur et al.(2010), *Business Model Canvas: nine business model building blocks.*

Osterwalder, A.(2008), Business Model Innovation Examples Series: Issue 2, iPod.

www.businessmodelgeneration.com, (김지호, 박정혜 번역)

https://www.youtube.com/watch?v＝2FumwkBMhLo

http://blog.naver.com/warmair/60194162560

http://www.innovationgames.com/empathy－map/

III

벤처 창업게임

Ⅲ. 벤처 창업게임(Start-up Game)

7. 창업 기회분석(Opportunity Analysis)

구 분	주요내용
문제 제기	창업기회를 분석하여 새로운 제품과 서비스에 대한 아이디어를 어떻게 도출할 것인가?
문제해결 중심내용 (Problem-based Learning)	－ 브레인 스토밍을 통해 10개의 아이디어를 제시한다. － 10개의 아이디어 중 3개를 선택하여 포지셔닝 공간분석을 한다. － 제품 포지셔닝 기술서를 활용하여 아이디어를 2가지 문장으로 표현한다. － 60초 Elevator Pitch를 한다.

[그림 7-1] Elevator Pitch 전체 프로세스

적극적인 Brain Storming

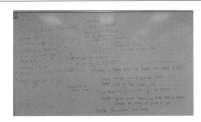

10개 아이디어 도출

Positioning Space 분석을 통한 Product
Position Statement 제시

60초 엘리베이터 피치

Action 1	브레인 스토밍을 통해 10가지 아이디어 도출

성공적인 창업자는 새로운 제품 및 서비스에 대한 아이디어를 지속적으로 창출하고자 한다. 이를 위해 여러분은 팀을 구성하여 새로운 벤처에 대한 잠재적인 아이디어를 도출하기 위해서 브레인 스토밍을 한다. 팀에서 작업하는 아이디어는 현재 존재하는 제품과 서비스가 아니어야 하며, 현실적이어야 한다(예를 들어, 타임머신같은 비현실적인 아이디어는 인정이 안됨). 최소한 아이디어는 10개 이상의 아이디어를 제시한다.

Action 2	포지셔닝 공간분석을 하라.

[그림 7-2] 포지셔닝 공간분석

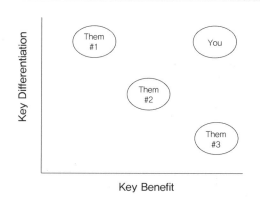

출처: Geoff Moore(1993).

　10개의 창업 아이디어 중 3개를 선택하여 각각의 아이디어가 주는 주요혜택과 주요 차별화 내용이 무엇인지 포지셔닝 공간(Positioning Space)분석을 한다. X축은 아이디어가 제시하는 혜택이나 장점을 말하며, Y축은 그 아이디어가 갖고 있는 차별화 내용 및 전략 등을 의미한다. 여기서 중요한 것은 혜택과 차별화 내용을 한 가지씩만 말한다. 여러 가지가 있어도 한 가지로 자신있게 말할 수 없으면 고객은 들으려고 하지를 않기 때문이다. 위 그림과 같이 Them #1, #2, #3가 가지고 있는 혜택과 차별화에 비해서 여러분(You)이 가지고 있는 아이디어가 무엇이 뛰어난지를 한 가지로 고객을 설득시켜야 한다.

Action 3	제품 포지셔닝 기술서를 활용하여 아이디어를 2가지 문장으로 표현하여 엘리베이터 피치를 한다.

[표 7-1] 제품 포지셔닝 기술서(Product Position Statement)

문장 1:

For(target customer: 목표고객이 누구냐)

Who(compelling reason to buy: 고객이 꼭 사야 되는 이유가 무엇인가)

Our product is a ....(product category: 제품 및 서비스 영역이 무엇이냐)

That (key benefit: 주요혜택이 무엇이냐)

예시: 요금을 지불하고서라도 음악을 들으려 하는 애플고객을 위해서, 아이팟은 MP3제품으로 다양한 음원을 싸고 안정적으로 제공한다.

문장 2:

Unlike(main competitor: 경쟁자는 누구인가)

Our Product(key differentiation: 차별화내용은 무엇인가

　　　　　　　/ 다른 제품들과의 차별화를 위한 기준은 아래 [표 7-2]를 참조)

예시: 경쟁자는 아이리버 등이나, 아이팟은 아이튠이라는 플랫폼을 이용하여 안정적이고 다양한 음원을 제공한다.

마지막으로, 3개의 아이디어 중 하나를 최종 선택하여 Elevator Pitch를 위해 2가지 문장(product position statement)으로 표현한다(Geoff Moore, 1993, Positioning your product using the "Elevator Test"). 엘리베이터 피치는 엘리베이터를 타고 올라가는 60초 동안(무어는 14층이라고 언급) 엘리베이터 문이 열리기 전에 "당신의 새로운 제품이 정확히 무엇인가?"에 대한 고객질문에 당신이 만족하게 답변했을 경우 당신의 엘리베이터 테스트는 성공한 것이다.

[표 7-2] 지속적인 경쟁우위를 위한 기준들

Ten types of sustainable competitive advantage.

Type	Example
High quality	Hewlett-Packard
Customer service	Dell
Low-cost production or operation	Wal-Mart
Product design and functionality	Google
Market segmentation	Facebook
Product-line breath	Amazon.com
Product innovation	Medtronic
Effective sales methods	Pfizer
Product selection	Oracle
Intellectual property	Genentech

출처: Byers, Thomas H.(2013), Technology Ventures, McGraw Hill Third Edition.

높은 질적인 수준, 낮은 가격 생산 또는 관리, 차별화되는 고객서비스, 차별화되는 제품 디자인과 기능, 시장 세분화, 폭 넓은 제품라인들, 제품혁신, 효과적인 판매기법, 제품선택의 폭, 지적재산 등 지속적인 경쟁우위를 위한 위의 기준들은 다른 제품과 서비스와 차별화되어야 되는 내용들이다.

과 제	여러분이 애플 제품개발자이다. 기존 아이폰을 어떻게 디자인(모양, 성능, 서비스 등)하여 제품을 Upgrade시킬 것인가를 새로운 아이디어로 구체적으로 제시하시오.

◈ 참고문헌

Byers, Thomas H.(2013), Technology Ventures, McGraw Hill Third Edition.

Moore, Geoff(1993), Positioning your product using the "Elevator Test".

8. 외부분석(External Analysis)

[그림 8-1] 기회의 창

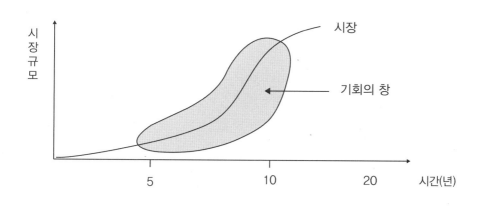

출처: 이민화, 혁신과 기업가 정신, 2011, 9. 24, 재정리.

창업하려는 업종에 대한 전반적인 산업 및 시장전망을 살펴보기 위해서 기회의 창을 살펴보아야 한다. 기회의 창이란 시장규모는 시간의 흐름에 따라 성장, 시장이 충분히 커지고 구조화되었을 때 기회가 존재하며, 시장이 성숙기에 접어들었을 때 기회가 사라지는 것을 말한다. 일반적으로 기회의 창은 시장이 어느 정도 커지기 시작하는 5년 이후에 열리고, 시장이 성숙하고 구조화되고 대규모화되는 12년 정도에 닫힌다. 따라서 구조화되기 시작하여 기회가 존재할 때 사업을 시작하고 시장이 성숙하여 기회가 줄어들기 전에 투자회수와 충분한 이익을 실현해야 한다. 이러한 것을 분석하기 위해서는 산업의 시장 성장 및 경쟁관계를 잘 파악해야 한다.

가. 산업분석(Industry Analysis)

구 분	주요내용
문제 제기	여러분이 가진 벤처사업 아이디어가 속하는 산업분석을 어떻게 하는가?
문제해결 중심내용 (Problem-based Learning)	− 사업아이디어가 어느 산업에 속하고, 그 산업은 어느 정도의 투자 평균 수익률을 가지고 있는지 등 산업 매력도를 분석한다. − 사업아이디어에 속하는 산업분석을 5 Forces 모델을 활용하여 경쟁전략 을 분석한다. − 벤처 아이디어에 대한 Risk Level을 High 또는 Low를 결정한다. − Risk Level이 높은 요인(마이너스 요인)을 집중적으로 개선한다.

Action 1	사업아이디어가 어느 산업에 속하고, 그 산업은 어느 정도의 투자 평균수익률을 가지고 있는지 등 산업매력도를 분석

앞에서 벤처사업에 대한 아이디어를 선정했으면, 그 사업아이디어가 속하는 산업에 대해서 조사 및 분석을 해야 한다. 그 산업의 투자 평균수익률도 파악을 하고 산업이 가지고 있는 특성이나 트렌드, 인구구조, 기술변화 내용, 경제 및 문화환경, 법적규제, 국제환경 등 외부환경 요인들을 전반적으로 분석하여 장기적이고 큰 그림(long-term and big picture)을 그려야 한다. 또한 사업 아이디어가 속한 산업이 Value Market인지 아닌지도 파악을 해야 한다. 예를 들어 항공산업의 경우, Boeing과 Airbus가 경쟁하는 포화된 산업(saturated industry)으로 초기 투자자산이 많이 들기도 해서 신규진입이 어려운 산업구조인 반면에, 모바일 산업군의 경우, 신생시장으로 성장가능성이 많은 산업군으로 산업구조를 이해해야 한다.

[그림 8-2]   미국의 산업 평균 투자자산 수익률

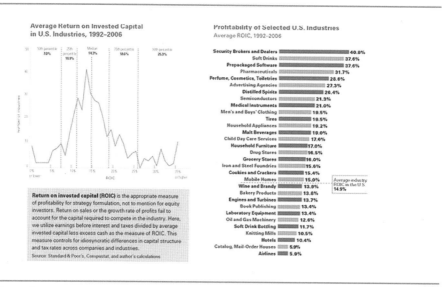

출처: aaleh.wordpress.com

Action 2	사업아이디어에 속하는 산업분석을 5 Force 모델을 활용하여 경쟁전략을 분석한다.

산업분석에 대한 논의는 주로 산업조직론에서 발전되었으며, 산업구조분석을 처음으로 경영전략에 도입한 사람은 하버드 경영대학원의 마이클 포터(Michael E. Porter) 교수이다. 포터의 경쟁전략(Competitive Strategy)에서는 산업조직론에서 발전된 산업구조분석을 기업에 적용하기 쉽도록 변형시킨 분석틀인 The Five Forces 분석틀을 제시한다.

마이클 포터의 five forces model은 경쟁세력모형 중의 하나로서, 기업에 대한 5개의 경쟁세력을 나타낸 모형이다. 마이클 포터의 5세력모형이 가장 널리 사용된다. 포터 교수에 의하면, 장기적으로 특정 산업의 수익성 및 매력도는 산업의 구조적 특성에 의하여 영향을 받으며, 이는 신규 진입자의 위협, 공급자의 협상력, 구매자의 협

[그림 8-3]   포터의 5 Forces Model

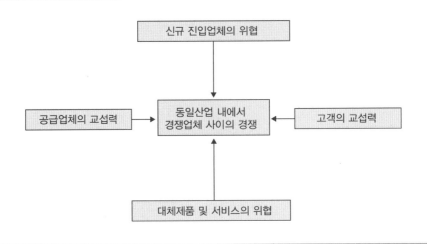

출처: M. Porter(1980), Competitive Strategy.

상력, 대체재의 위협, 산업내 기존 경쟁자간 경쟁강도 등 5개 경쟁 세력이 기업의 운명을 좌우한다고 보았다(M. Porter, 1980).

첫째, 신규 진입자의 위협(Threat of new entrants)의 경우, 신규 진입자는 Market Share 및 실질적인 자원을 획득하려 하거나, 새로운 능력을 산업에 가져다 준다. 신규 진입자에 의하여 수익성은 가격 경쟁이나 원가 인플레이션 등으로 낮아질 수 있다. 잠재적 진입자 또한 어떤 기업이든 제거하려고 하거나 최소화시키려고 노력하는 경쟁 세력들 중의 하나이다. 그 이유는 잠재적 진입자가 기업으로부터 이윤을 뺏을 수 있기 때문이다. 잠재적 진입자들에게 진입장벽을 구축하여야 하는데, 노력하지 않아도 기본적으로 형성된 것은 기존 기업들의 평판, 서비스 수준, 물류채널 등이 있다. 나아가 정보기술을 효과적/효율적으로 활용하면 잠재적 진입자가 기존업계에 진입할 의사가 생기지 않도록 즉 "교섭력(bargaining power)"이 없도록 유도할 수 있다. 신규 진입 장벽 결정요인은 규모의 경제, 제품 차별성, 브랜드, 교체비용, 소요자본, 유통채널 접근, 원가우위, 학습곡선, 투입원재료, 저 원가제품 디자인, 정부정책, 예상되는 보복 등이다.

둘째, 경쟁은 경쟁자들이 경쟁위치(competitive position) 개선에 대한 압력을 느끼거나, 그 기회를 찾고 있을 때 일어난다. 경쟁 양상은 가격경쟁, 광고/홍보 전쟁, 제품 출시 등으로 나타나며, 대부분의 산업에서 경쟁강도와 산업 전체의 수익성을 결정하는 가장 중요한 요인은 그 산업 내에서 이미 경쟁하고 있는 시장 참여자들(기존 경쟁자)간의 경쟁관계이다. 전통적 경쟁자(Traditional Competitors)는 새로운 제품과 서비스를 도입한다. 효율적이고 새로운 생산방법을 지속적으로 개발하며, 자체브랜드를 개발하고 전환비용의 고객 부과를 통해 고객 유인하는 다른 경쟁자들과 시장을 공유한다. 기존 기업들의 경쟁정도는 경쟁기업 수가 많은 경우, 경쟁기업간의 시장점유율이 비슷한 경우, 철수장벽이 높은 경우에 심화된다. 새로운 시장 진입자(New Market Entrants)는 노동 시장이 유연하고 금융 자원이 있는 자유 경제에서는 항상 새로운 기업들이 시장에 진입한다. 기존기업간 경쟁강도 결정요인은 산업 성장, 고정비, 과잉생산능력/설비, 제품 차별성, 브랜드, 교체비용, 집중과 균형, 정보의 복잡성, 경쟁자의 다양성, 이해관계자, 철수장벽 등이다.

셋째, 공급자의 협상력(Bargaining power of suppliers)의 경우, 공급자들은 가격을 인상하거나 품질을 저하시키려는 위협으로 협상력을 제고할 수 있다. 강력한 협상력을 갖고 있는 공급자들은 더 이상 원가를 상승시킬 수 없을 정도로 수익성을 잠식할 수도 있다. 예를 들어, 철강회사에 대하여 구매자가 되는 자동차회사의 고객니즈를 반영한 "품질통제시스템"을 철강회사가 사용하게 됨으로써 경쟁우위를 확보한 경우가 있다. 구매자인 자동차회사는 공급자인 철강회사가 납품한 철강을 검사하는 "품질통제시스템"을 사용하여, 공급자에 대하여 더욱 강력한 통제를 가할 수 있게 되었다. 공급자 협상력 결정요인은 투입원재료 차별성, 교체비용, 대체 원재료의 출현, 공급자 집중도, 공급물량의 규모, 총구매가 차지하는 상대적 비용, 원가 또는 차별화에 관한 원재료의 영향도, 전후방 통합 위협 등이다.

넷째, 구매자의 협상력(Bargaining power of buyers)은 구매자들이 가격 인하 및 품질 제고 압력을 통하여 또는 판매경쟁자간 수익성을 조정하면서 산업과 경쟁하는 것을 말한다. 구매자의 교섭력을 결정하는 데에는 다음의 두 가지 요소가 중요한데, 첫째는 구매자들이 얼마나 가격에 민감한가의 정도이고, 둘째는 공급자에 대한 구매자들의 상대적인 교섭능력이다. 구매자 협상력 결정요인은 구매비중, 구매규모, 교체비용, 구매자의 정보력, 후방통합 능력, 대체품의 존재, 가격민감도, 총구매물량/가격,

제품차별성, 브랜드, 품질/성능효과에 관한 영향정도, 구매자 이익, 구매의사 결정자의 인센티브 등이 있다.

소비자와 같은 구매자집단은 경우에 따라서 단체로 "교섭력(bargaining power)"을 발휘하여 기업의 이윤을 잠식할 수도 있다는 점에서 경쟁세력의 하나에 해당한다. 예를 들어, 서울지역 외식업소들이 식대를 너무 많이 올리자 이에 맞서 외식을 자주 하는 직장인들이 동맹하여 불매운동을 전개해서 식대를 원위치로 환원시킨 사례가 있다. 반면에 정보기술은 이러한 구매자집단이 다른 경쟁사들로 거래선을 옮길 경우에 "변경비용(switching cost)"을 발생시킴으로써 구매자 집단의 결집력을 약화시킬 수 있다.

마지막으로, 대체재의 위협(Threat of substitute product or services)은 기업이 용인할 수 있는 가격의 상한선을 설정케 함으로써 기존기업의 잠재적 수익을 제한한다. 만일 산업의 수익성이 구매자가 그 제품이나 서비스에 대해 기꺼이 지불하려는 가격에 따라 결정된다면, 산업의 수익성은 대체재의 유무에 따라 매우 달라지게 된다. 즉, 대체재가 많으면 많을수록 기업들이 자신의 제품이나 서비스에 높은 가격을 받을 수 있는 가능성은 줄어든다. 기존의 제품이나 서비스에 대한 대체재를 고객이 찾지 못하거나 힘들도록, 정보기술이 지원하기도 한다. 어떤 산업에서 가장 위협적인 대체재는 비용 절감형으로서 교섭력을 약화시켜 산업의 이윤을 잠식하기도 한다. 기업은 서비스의 가치를 제고하거나 또는 비용을 절감시킴으로써 구매자가 대체재를 구입하려는 의욕을 꺾어서, 구매자의 교섭력을 약화시킬 수 있다. 대체 제품과 서비스(Substitute Products and Services)의 경우, 대체품의 압력은 대체품이 가격이 상대적으로 낮은 경우, 혁신기술에 의해 대체품이 개발된 경우, 고객의 선호가 이동되고 있는 경우에 증대된다. 대체재위협 결정요인은 대체재의 상대적 가격/성능효과, 교체비용, 대체재에 대한 구매자의 성향, 대체품의 특성 등이 있다.

그러나 Five Forces 분석의 한계는 산업의 구조적 매력도, 경쟁강도 및 수익성을 결정하는 요인은 5가지의 힘(5 Forces) 이외에도 다른 많은 요소들이 있다. 예를 들어, 정부/정치적 요소, 글로벌 경제, 철수장벽 등이다. 동일 산업 내일지라도 세부 세그먼트(전략집단)에 따라 매력도는 다양하다. 포터 교수는 산업의 구조가 그 산업 안에 있는 기업들의 경쟁방식을 결정하고, 이러한 기업들의 행동이 산업 또는 기업의 수익성을 결정하는 요인이 된다고 하지만, 산업구조는 산업 내 기업들의 전략적 의사결정과 기업들 간의 경쟁에 따라 얼마든지 다양하게 변화 가능하고, 따라서 기업의 전략과 산업의 구조는 서로 상호작용하며 계속적으로 변화한다. 포터의 경쟁전략은 기업들 간의 구체적인 경쟁전략을 묘사하지 못하고 있으며, 산업 트렌드 변화에 따른 산업구조 변화를 제대로 설명하지 못하는 정태적(static) 분석이다. 이 모형의 단점은 경쟁과 산업구조가 동태적으로 변화한다는 사실을 충분히 구체적으로 고려하지 못하고 있다 (임채완(2004), 마이클 포터의 Five Forces Analysis).

Action 3 　벤처 아이디어에 대한 Risk Level을 High 또는 Low를 결정한다.

[표 8-1] 5 Forces Model을 활용하여 Risk Level 분석

5 가지 요인	Risk Level(H/L)
신규 진입자의 위협	H(−)
경쟁자의 위협	H(−)
대체재의 위협	H(−)
공급자의 협상력	H(−)
구매자의 협상력	L(+)

　Risk−level 분석을 할 때는 본인 사업아이디어에 대한 위험도가 높고 낮은지를 판단하면 되고, 보통의 경우 중간위험도(Medium)를 취하는 경우가 있는데 중간위험도에 대한 Action은 무의미하기 때문에 제외시킨다. 예를 들어 미국에서 Grocery Delivery 앱을 할 경우, 다른 회사들의 신규진입이 쉬운 경우에는 위험도가 높으므로 Risk−level이 High가 되며 본인 회사에게는 마이너스(−) 요인이 되는 것이다. 경쟁자의 위협은 Amazon Fresh로 이미 시장에 대한 지배력이 높아 High Risk로 작용하는 것이다. 대체재의 위협은 온라인이 아닌 Walmart나 IKEA 등 Offline 마켓에서 이와 같은 배달 서비스를 하게 되면 크게 위협을 받을 수 있으므로 High Risk로 판단한

다. 공급자는 Grocery를 공급하는 Farmer나 중간업자가 되므로 초기에는 Bargaining power가 공급자에 있게 되나, Grocery Delivery 앱이 인기가 있게 되면 되려 Bargaining power는 본인회사로 이동하게 된다. 마지막으로 고객은 20－30대 Single 로 공짜로 설치해서 앱을 쓰고 인기가 있게 되면 Risk는 줄어들게 된다.

Action 4	Risk Level이 높은 요인(마이너스 요인)을 집중적으로 개선한다.

위 아이디어 사례의 경우, 신규 진입자, 경쟁자, 대체재의 위협 및 공급자의 협상 력에 대한 Risk가 높게 작용하는 것으로 분석되어, 이에 대한 마이너스 요인을 집중적 으로 개선하기 위한 노력이 필요하다.

과 제	여러분이 제시한 벤처사업 아이디어를 5 Forces Model을 활용하여 Risk Level을 정하고 사업 아이디어 개선을 위해 무엇을 보완할 것인 가를 정리하시오.

나. SWOT 분석

구 분	주요내용
문제 제기	벤처기업이 처하고 있는 외부환경 및 내부역량분석을 어떻게 하는가?
문제해결 중심내용 (Problem-based Learning)	- 외부 환경분석으로서 시장환경으로부터 오는 위협(threat)과 기회 　(opportunity)요인을 파악한다. - 내부 역량분석으로 여러분 회사에 대한 핵심역량을 분석한다. - SWOT분석에 따른 벤처기업의 전략을 수립한다. - SWOT분석에 따른 전환전략을 제시한다.

[표 8-2] SWOT 분석

구분		기회요인 (O: Opportunity)	위협요인 (T: Threats)
		원화약세에 따른 수출호조	내수침체, 고금리, 중국의 위협
강점요인 (S: Strength)	우수한 기술력		
약점요인 (W: Weakness)	벤처기업으로서 경영능력 미흡		

　　SWOT분석에 있어서 첫 단계는 외부 환경 분석으로서 시장 환경으로부터 오는 위협(threat)과 기회(opportunity)요인을 파악하는 것이다. 수출회사의 경우 원화약세로 수출이 잘되게 되면 환율절하는 기회요인이 되는 것이고, 내수시장에 주력인 기업의 경우 내수시장이 침체가 되면 매출이 감소하여 위협요인으로 분석된다. 두 번째 단계는 내부 역량분석으로 여러분 회사에 대한 핵심역량분석이다. 위의 경우, 벤처기업이 가지고 있는 우수한 기술력은 기업의 강점요인이 되며, 신생기업이 가지고 있는 미흡한 경영능력은 약점요인으로 작용할 것이다.

[그림 8-4] SWOT분석에 따른 벤처기업의 전략

TW	OW
① 철수전략 ② 제품/시장 집중화전략	① 핵심역량 강화전략 ② 전략적 제휴
TS	OS
① 시장침투전략 ② 제품확충전략	① 시장기회 선점전략 ② 시장/제품 다각화전략

출처: 유필화 외(2012), 현대 마케팅론, 박영사.

세 번째 단계는 시장의 외부 환경요인(T/O)과 벤처기업이 가지고 있는 핵심역량의 강점과 약점요인(S/W)에 근거하여 다음과 같은 기업전략을 수립해야 한다.

① TW전략: 환경의 위협요인이 많으며 현재 우리 회사의 핵심역량도 부족하다. 이 경우 우리 회사의 약점을 극복하기 위하여 제품이나 시장을 재구축(re-structuring)하여 제품/시장을 집중화하는 전략을 쓰거나 철수하는 전략을 고려하여야 한다.

② TS전략: 시장의 위협요인이 있으나, 우리 회사가 상대적 강점을 갖고 있는 경우, 그 강점을 적극 활용하여 공격적 시장침투전략을 쓰거나 제품계열을 확충하는 전략을 추구한다.

③ OW전략: 시장의 기회는 존재하나 우리 회사의 핵심역량이 부족하다. 이 경우 우리 회사의 핵심역량을 강화하여 시장기회를 잡는 핵심역량 강화전략을 쓰거나 시장의 기회를 먼저 포착하면서 우리 회사의 핵심역량을 보완하는 전략적 제휴전략을 선택할 수 있다.

④ OS전략: 시장기회가 있고, 우리 회사의 전략적 강점이 많은 매우 좋은 상황이다. 우리 회사는 시장의 기회를 선점하는 전략을 구사하거나 시장/제품의 다각화전략을 추구할 수 있다.

[그림 8-5] SWOT분석에 따른 전환전략

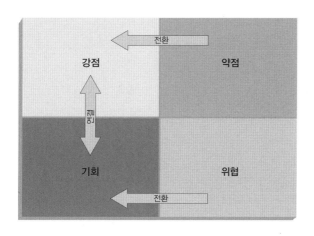

출처: Reprinted from *Market–Led Strategic Change*, by Nigel F. Piercy, p. 371.

　마지막으로 SWOT분석을 통해 약점요인을 개선해서 강점요인으로 서서히 전환하
고, 외부환경의 위협요인을 기회로 바꾸는 적극적인 전환전략을 세울 수도 있다.

과 제	1. 본인에 대한 SWOT분석을 하시오(개인).
	2. 제안한 벤처 아이디어에 대한 SWOT분석을 하시오(팀).

다. 경쟁력 분석

　경쟁자와의 비교를 통해 강점과 약점을 비교하여 자신의 위치를 확인해야 한다.
고객의 구매기준 우선순위 1위와 2위만 고려해서 X축과 Y축에 적는다. 경쟁기업과
자신의 기업을 고객의 구매기준 우선순위(효율성, 안정성, 스피드, 디자인 등)에 따라 포지

셔닝을 한다. 경쟁력 포지셔닝 차트에서 여러분의 아이디어가 오른쪽 꼭대기가 아니면 아이디어를 재평가하거나 가치제안 방법을 수정해야 한다. 이 차트를 통해 목표고객에게 타 경쟁자에 비해 우월하다는 것을 설득력이 있게 제시해야 한다(빌 올렛, 2014).

[그림 8-6] 경쟁력 포지셔닝 차트

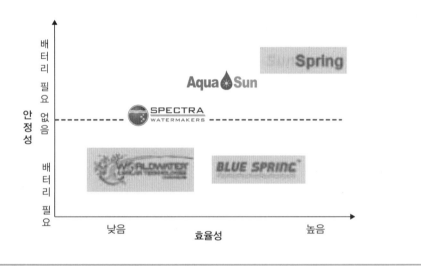

출처: 빌 올렛, MIT 스타트업 바이블, 2014.

위의 사례의 경우, SunSpring이라는 회사에 대한 고객들의 구매우선순위는 안전성과 효율성이며, 이 시장에서 다른 회사에 비해 SunSpring이 안전성과 효율성 측면에서 경쟁력이 높다는 것을 알 수 있다.

| 과 제 | 본인이 제안한 벤처 아이디어에 대해 경쟁력 포지셔닝 차트를 그리시오. |

◈ 참고문헌

빌 올렛(2014. 6), MIT 스타트업 바이블, 백승빈 역, 비즈니스북스.

이민화(2011, 9. 24), 혁신과 기업가 정신.

임채완(2004), 마이클 포터의 Five Forces Analysis.

유필화 외(2012), 현대 마케팅론, 박영사.

Piercy, Nigel F.(1992), Market from strategic change, p. 371.

Porter, M.(1980), *Competitive Starategy*.

Porter, M.(1985), *Competitive Advantage: Creating and Sustaining Superior Performance*.

The Five Competitive Forces That Shape Strategy (Porter):
https://hbr.org/2008/01/the−five−competitive−forces−that−shape−strategy

Are Good Times Over for the Airline Industry? − Industry Outlook:
http://finance.yahoo.com/news/good−times−over−airline−industry−204408439.html

Video: "Clearly Defining Your Industry"
(https://www.youtube.com/watch?v=_yZXFly6ZYo)

Video: "Five Forces Overview"
(https://www.youtube.com/watch?v=mYF2_FBCvXw&list=PL4A98A0984F37AD49 &index=3)

www.aaleh.wordpress.com

9. 내부분석(Internal Analysis)

구 분	주요내용
문제 제기	여러분이 가진 벤처사업 아이디어가 가지고 있는 내부역량 분석을 어떻게 하는가?
문제해결 중심내용 (Problem-based Learning)	− VRIO 분석에 대해 이해한다. − VRIO를 활용하여 내부 역량분석을 한다. − 부족한 내부역량 요인을 집중적으로 개선하고 대응한다.

　　과거에는 산업구조 분석 등 외부환경 분석(external analysis)을 통해 기업의 전략을 수립했지만, 토지, 자본 등 유형자산의 중요성이 점차 감소되고 있어 경쟁자가 모방하기 힘든 자산을 창출하고 확보해서 유지하는 능력이 경쟁력의 핵심이 되고 있다. 이에 따라 기업은 핵심역량을 확보하는 것이 중요해짐에 따라, 내부역량 분석(internal analysis)에 비중을 높인 전략을 수립하기 위해서 무형의 지적자산, 브랜드, 인적자본에서 경쟁력을 찾고 있다.

[표 9-1]　자원과 능력이란

자원과 능력	내　용
재무자원 (Financial Resource)	모든 형태의 자금
실물자원 (Physical Resource)	모든 실물적 기술 공장/설비, 지역적 입지, 원재료 접근 소프트웨어 기술, 생산공정의 로봇, 자동차 창고, …
인적자원 (Human Resource)	임직원들의 교육, 경험, 판단, 지능, 관계, 직관, …
조직자원 (Organizational Resource)	기업의 보고 구조 계획, 통제, 조정 시스템, 기업문화와 평판, 기업 내외의 비공식 관계들

출처: www.onecoach.co.kr

기업의 경제적 성과를 좌우하는 것은 기업의 자원(resource)과 능력(capability)이다. 자원은 기업이 전략을 고민하고 실행하는 것에 이용하는 기업 통제하의 유·무형 자산이며, 능력은 기업으로 하여금 통제 하에 있는 다른 자원들을 최대한 이용하게 하는 유·무형 자산이다. 핵심역량은 생산기술, 마케팅 능력 등 단순한 기능별 능력 (functional capability)이 시너지를 내는 조직상의 능력[16](organizational capability)을 말한다. 조직상의 능력이 중요한 이유는 다음의 Xerox회사의 경우에서 잘 나타나고 있다.

♣ **제록스 기업 사례**

PARC(Palo Alto Research Center): 캘리포니아의 팰러앨토에 세워진 기술개발 연구소(1970)

개인용 컴퓨터, 마우스, 윈도우와 비슷한 운영프로그램, 레이저프린터, 기업내부용통신망(Ethernet) 등을 발명 → 창의적, 독자적, 희소한 자원과 능력

조직구조상 문제: 이런 발명들이 경영자들에게 전달될 조직구조가 존재하지 않음
  - 1970년대 중반까지 경영자들이 인식하지 못함
  - 그 후에 인식하였지만 지나치게 세분화되고 관료주의화된 제품개발 과정은 대부분의 혁신 기술을 사장시킴
  - 보상정책은 현행의 수익을 극대화하는 것에 치중, 신기술에 대한 고려는 미진

(결론) 제록스의 공식적인 보고 구조, 경영통제시스템, 그리고 보상 정책들은 제록스가 개발한 가치 있고 희소하고 모방하기 힘든 자원과 능력을 이용하는 것과는 거리가 멀었음.

출처: www.onecoach.co.kr

| Action 1 | VRIO 분석에 대해 이해한다. |

---

16) 조직상의 능력은 기업조직 내에서 그 기업이 가지고 있는 재무, 생산, 마케팅, 인사 등 여러 가지 기능별 부서의 능력을 종합하고 새로운 조합을 이루어서 활용할 수 있는 능력을 말한다.

기본 가정(two assumptions):

• 상이성(resource heterogeneity): 기업들은 서로 다른 자원을 갖는다.
• 비 유동성(imperfect resource mobility): 자원의 상이성은 옮기기 쉽지 않다.

VRIO분석은 자원기반 관점(resource-based view)에서 내부역량의 장점과 단점을 분석하는 기법으로 다음과 같다.

• Value(가치) : 어느 자원이 그것을 소유한 기업으로 하여금 환경적 기회를 이용하거나 환경적 위협을 중화시키도록 하는가?
• Rarity(희소성) : 어느 자원이 소수의 기업에 의해서만 소유되고 있는가?
• Imitability(모방가능성) : 어느 자원을 소유하고 있지 않은 기업이 그 자원을 획득하거나 개발하는 데에 있어서 원가열위를 가지는가?
• Organization(조직) : 어느 기업의 정책과 과정들이 그 기업이 소유한 가치 있고 희소하며 모방하기 힘든 자원을 이용하기 위해 조직되어 있는가?

출처: www.onecoach.co.kr

[그림 9-1] VRIO Framework과 경쟁우위 관계

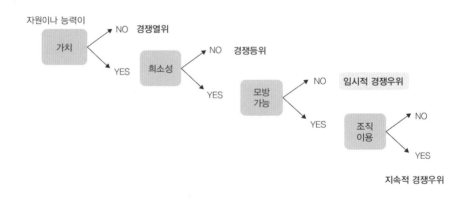

출처: Lay B. Barney and William S. Hesterly, Strategic Management and Competitive Advantage, 2014.

벤처기업의 자원과 능력이 value가 없으면 그 기업은 경쟁열위에 있는 것이며, value는 있지만 희소성이 떨어지면 누구든지 할 수 있는 경쟁등위에 있다고 말할 수 있다. 그리고 value와 희소성은 있지만 모방할 수 있는 경우는 어느 기간 동안은 경쟁우위에 있지만 쉽게 경쟁기업들이 모방전략에 의해 경쟁우위가 무너지게 된다. 마지막으로 가치가 있고, 희소성이 있으며, 타 기업의 모방이 가능하지만, 조직이 잘 정비되어 있는 경우는 지속적인 경쟁우위에 있게 된다. 그러나, 선도기업의 경쟁우위는 시간이 지나감에 따라, 후발기업들이 자원과 능력을 모방하여 경쟁우위는 사라지게 되어 끊임없이 경쟁우위를 지키려고 노력하게 된다. 보통 선도기업의 특허우위의 경우, 65%의 원가만 지불함으로써 모방할 수 있으며, 특허의 60%가 4년 만에 합법적으로 모방된다(Collins and Montgomery, 1997).

Action 2 아이디어에 대해 VRIO를 활용하여 내부 역량분석을 한다.

[표 9-2] VRIO를 활용한 내부역량분석

VRIO	YES / NO
Value	Y
Rarity	Y
Imitability	N
Organization	Y

♣ Southwest Airline 사례

지난 30년간 미국 항공사들이 파산과 회생을 반복했으나, 유일하게 지속적으로 흑자를 기록한 Southwest Airline은 운영관리 방식에 있어서, 하나의 기종인 보잉 737만 이용했으며, 소형공항만 운항하였고, 지점-지점 방식(point to point)으로 운영하였다. 또한 Southwest Airline은 노조가 결성되었으나, 종업원 몰입도와 충성도가 매우 높아, 업무 명세서 외에 안전운항과 정시운항에 솔선수범하였다.

Value 측면에서는 보통의 경우 원가가 절감되거나 매출이 증가되는 경우를 말하는데, Southwest Airline은 단일기종인 보잉 737만 채택하여 보수 유지인력의 교육 훈련에서의 비용과 부품재고 비용 등 시간 및 원가를 절감했으며, 소형공항 운항 및 지점－지점 방식(point to point)으로 운영하여 정비소요 시간단축(45분 → 18분) 등 원가를 절감하였다. Rarity 측면에서는 우호적인 노사관계를 말할 수 있는데 지난 기간 동안 다른 항공사에서는 해고, 임금삭감 등 긴장된 노사관계로 희소한 경우이다. Imitability 측면에서는 단일기종 운항, 소형공항 운항 및 지점－지점 방식 등 운영방식의 경우, 초기에는 매우 희소성을 띠었으며, 얼마 지난 후에는 세계도처에서 소형 항공사가 신규진입하면서 모방을 하였다. 마지막으로 조직측면은 기업과 종업원 우호관계가 오랜 기간 형성되기 때문에 쉽게 모방도 어려우며, 높은 종업원 충성도에 따라 높은 생산성을 보여 주었고, 경영통제 및 보상체계 등 조직관리도 잘되었다.

Action 3   부족한 내부역량 요인을 집중적으로 개선하고 대응한다.

벤처기업들은 자기 기업에게 중요한 Resource가 무엇인지를 파악하고, 내부역량이 부족한 요인(No)에 대해서 집중적으로 개선한다. 보통 경쟁기업들이 경쟁우위에 있는 기업에 대응하는 방법은 무대응, 전술변경, 전략변경을 취하게 된다. 무대응의 경우, Southwest Airline이 경영자원과 능력이 모방이 어려울 정도로 우월해서 US 에어 웨이즈는 별 수 없이 지속적인 경쟁열위를 수용한다. 전술변경의 경우는 Southwest Airline이 운임이 낮은 필라델피아 노선을 운영하자 US 에어웨이즈도 따라 운임을 낮추는 경우이다. 마지막으로 전략을 변경하는 사례는 Dell 컴퓨터가 인터넷을 통한 직접 판매방식을 취하자 게이트웨이도 기존 매장방식에서 인터넷 직접 판매방식으로 완전히 판매 전략을 바꾼 경우이다.

| 과 제 | 본인이 제안한 벤처 아이디어에 대한 VRIO분석을 하시오. |

◈ 참고문헌

Barney, Lay B. and Hesterly, William S.(2014), Strategic Management and Competitive Advantage.

Collins, Jim(2001), Good to Great.

www.onecoach.co.kr

Tesla Motors: A Case Study in Disruptive Innovation: http://blog.ihs.com/q14−tesla−motors−a−case−study−in−disruptive−innovation

10. 고객 분석(Customer Analysis)[17]

[그림 10-1] 벤처기업이 실패하는 사례 톱20

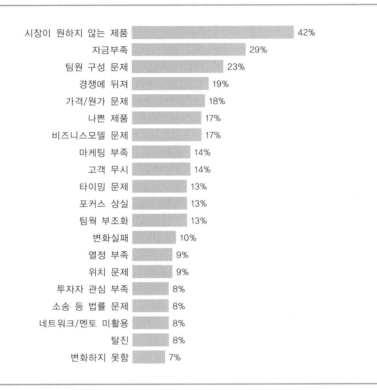

시장이 원하지 않는 제품	42%
자금부족	29%
팀원 구성 문제	23%
경쟁에 뒤져	19%
가격/원가 문제	18%
나쁜 제품	17%
비즈니스모델 문제	17%
마케팅 부족	14%
고객 무시	14%
타이밍 문제	13%
포커스 상실	13%
팀웍 부조화	13%
변화실패	10%
열정 부족	9%
위치 문제	9%
투자자 관심 부족	8%
소송 등 법률 문제	8%
네트워크/멘토 미활용	8%
탈진	8%
변화하지 못함	7%

출처: 머니투데이, 창업실패이유, 2014. 10. 3.

　　미국 벤처캐피털 전문 조사 기관인 CB insights는 올해 실패한 스타트업 101개사를 대상으로 설문조사를 실시해 스타트업 실패 원인 20가지를 가려냈다. 스타트업이 실패하는 가장 큰 이유는 '시장이 원하지 않는 제품·서비스를 생산해서'인 것으로 파악됐다. 즉, 소비자에 대한 철저한 분석 없이 창업자 자신이 원하는 제품·서비스를 만든 경우다. 보고서에 따르면 조사대상 중 절반에 가까운 스타트업이 이 원인으로 실패했다. 이와 비슷하게 고객의 반응이나 요구를 무시하거나 제품·서비스의 질이 소

17) 빌 올렛, MIT 스타트업 바이블, 2014 내용을 바탕으로 재정리.

비자의 눈높이에 미치지 못하는 이유(나쁜 제품) 때문에 스타트업이 많이 실패한 것으로 나타났다. 또한 소비자가 생각하는 적정가격과 달리 지나치게 높게 가격을 책정하는 경우(가격·원가 문제)도 높은 실패요인 중 하나로 꼽혔다. 스타트업이 실패하는 이유 20가지 대부분의 요인은 결국 시장으로 수렴된다. 반대로 생각하면 스타트업의 성공 열쇠도 '시장'에서 찾을 수 있는 것이다(머니투데이, 2014).

구 분	주요내용
문제 제기	고객분석을 어떻게 해야 하는가?
문제해결 중심내용 (Problem-based Learning)	- 시장 세분화를 통해 목표고객을 정하라. - 고객 인터뷰를 통해 직접 시장조사(SNS를 통해)를 한다. - 여러 세분시장 중 하나를 선택하여 거점시장을 선택하라. - 최종 사용자의 프로파일을 만들어라.

Action 1 — 시장 세분화(Market Segmentation)를 통해 Target Customer를 정하라.

여러분이 가지고 있는 창업 아이디어에 관심을 보일지 모르는 잠재고객을 찾기 위해 잠재력이 큰 6개 정도의 시장의 기회를 선택한다. 모두가 내 고객(selling to everyone)은 불가능하다. 그것은 대기업의 경우에나 가능하며, 시장 확대의 경우는 대기업에게도 힘든 작업이다. 모든 고객의 니즈를 충족시키는 것은 불가능하기 때문에 시장 세분화를 통해 목표고객을 정해야 한다.

〈교육서비스 사례: 기술로 교육서비스를 개선하는 아이디어〉

시장 세분화 과정

질문 1: 국가와 지역별로 최종사용자의 특성이 다르지 않을까?

질문 2: 초점을 초등학교, 중학교, 고등학교, 대학교, 일반학원 등

질문 3: 최종 사용자는 누구인가? → 교사, 교장, 학부모, 학생

목표고객 선택

질문 1에서 교사국가와 지역을 선택하고 질문 2에서 고등학교, 질문 3에서 교사를 선택하면 다음과 같이 목표고객이 정리가 된다.

[표 10-1] 시장세분화 과정

국내	서울	고등학교	공립학교	미술교사 음악교사 체육교사 물리교사
미국	교외	중학교	사립학교	교장
일본	시골학교	초등학교	크리스찬학교	학생
중국		대학교	.....	학부모
		유치원	......	
		일반학원	......	

〈배터리 수명을 늘리는 기술 아이디어 사례〉

이 경우, 첨단 배터리를 탑재한 자동차인 테슬러를 구매하는 이유가 고객 세분화 기준이 된다. 효율성, 환경의식, 과시욕, 편의성 등이 1차 기준이 되며, 효율성은 저비용에 초점을 두는 소비자, 고성능을 추구하는 소비자 등이 2차 기준이 된다.

Action 2	고객 인터뷰를 통해 직접 시장조사를 진행한다.

구글을 검색하거나 시장조사기관의 보고서는 참고만 하고, 직접 고객을 만나 인터뷰를 하거나 고객을 관찰하고 시장기회를 탐색해야 한다(간단하게 조사하는 방법은 페이스 북을 이용하여 댓글을 받아 아이디어에 대한 간이 시장조사를 할 수도 있다). 만약 여러분이 필요한 정보가 시장분석 보고서에 있으면 여러분에게는 기회가 주어지지 않는다. 시장조사는 결국 '누구에게 팔아 매출을 올릴 수 있나'에 대한 결정적인 조사이며 많은 시간을 투자해야 하며 목표고객을 만나 양질의 정보를 수집해야 한다. 시장조사가 제대로 이루어지지 않으면 여러번 반복하게 되며 안정화 단계에 들어가 있는 대기업도 반복하는 작업이다. 세분시장 조사표는 다음과 같다.

[표 10-2] 세분시장 조사표

잠재시장 / 정보의 종류	고등학교	대학교	초등학교	일반학원
최종사용자	제품을 사용할 사람은? (예: 물리교사)			
용도	제품 구입목적은?			
혜택	구입하게 되면 시간단축? 비용절감? 수익증가?			
선도고객	신 기술 채택에 가장 큰 영향을 미치는 고객은 누구?			
시장특성	신기술 도입을 장려하는 시장인가?			
파트너	어떤 기업과 연합해야 하나?			
경쟁자	유사한 제품을 파는 경쟁자는?			
보완재	어떤 다른 제조업체의 제품과 묶어서 판매할 수 있나?			
시장규모	고객수는 얼마나 될까?			

〈시장규모 계산하는 방법(OnDemandKorea사례 적용)〉

- 온디먼드코리아: 한국출신 학생들이 고국소식을 듣기 위해 화질과 음질이 뛰어
  난 영상을 합법적으로 제공하는 사이트
- 시장 규모 계산
- 공식적인 자료를 이용하여 미국 한국이민자 통계를 170만 명으로 참고하였지만,
  온라인 자료를 정리하여 온디먼드코리아의 고객 추정치를 250만 명으로 추정
- 250만 명 중 사이트 방문자 수를 인터넷 조사업체 컴피트의 서비스를 이용해
  서 파일 공유 서비스를 제공하는 89개 사이트 트래픽을 기준으로 사용실태를
  분석하여 총 120만 명 정도 시장규모 추정
- 목표고객을 20~35세 여성으로 해서 타당성 검증 테스트를 했는데, 남녀비율
  이 40 : 60으로 여성고객이 72만 명(120만×60%)이며, 그중 20~35세 비중이
  55%로 40만 명
- 연간 매출로 600만 달러로 측정: 40만 명의 잠재고객이 1년간 지불하는 서비
  스 비용(15달러) 계산(방문자당 월 광고수익을 1.25달러로 가정하면 1인당 연 15달러 매
  출발생)
- 미국에 거주하는 중국인이 한국드라마를 즐겨 봄에 따라 향후 성장성도 기대

| Action 3 | 여러 세분시장 중 하나를 선택하여 거점시장을 선택하라. |

고객인터뷰를 통한 세분시장 조사표가 있는데, 그중 단 하나만 선택해서 거점시
장으로 나아가야 한다. 시장의 기회를 무시하는 것은 어렵지만, 집중해서 하나의 시장
에서 성공하면 나머지 시장은 따라오게 되어 있다. 여러분은 대기업이 아닌 자본도
충분하지 않은 벤처기업으로 하나의 시장에 집중해야 안정적이고 용이한 현금흐름을
구축하게 된다. 선택한 하나의 시장에 집중하며, 그 시장이 아니라고 판단되면 그때
차선의 시장을 공략하면 된다. 하나의 거점시장을 선택할 때의 기준은 시장조사표의

정보의 종류가 똑같이 적용된다. 고객의 니즈를 충족시킬 수 있는 시장을 계속 세분화하고 집중만이 살길이며 하나의 시장만 선택한다.

| **Action 4** | 최종 사용자의 프로파일을 만들어라. |

고객을 이해하기 위해서 최종사용자에 대한 프로파일을 자세하게 만든다. 이 세부작업은 프로파일이 실제 고객이기 때문에 성별, 연령, 직업 등 카테고리의 초점이 좁혀져서 제품 포지셔닝, 제품사양 정의, 마케팅 기획, 입소문 전략 등이 용이하게 된다.

[표 10-3] 최종사용자 프로파일: 온디먼드코리아 사례의 경우

구 분	세분내용
성 별	여성
연 령	20~35세
직 위	−
수 입	−
학력 및 경력	−
상 황	욕구, 여가, 외식스타일, 선호하는 매체, 사이트, TV 프로그램 (하루 평균 두 시간씩 불법 다운로드 사이트를 이용하여 한국드라마 시청)
성 격	개성, 독창성, 구매 의사결정 기준(비용, 체면, 모방 등) (불법 사이트 서비스와 콘텐츠 질에 불만)

과 제	본인이 제안한 벤처 아이디어에 대해 1) 브레인 스토밍을 활용하여 시장 세분화를 통한 목표고객을 정리하시오. 2) 고객 인터뷰를 통해 직접 시장조사를 하시오. 3) 여러 세분시장 중 하나를 선택하여 거점시장을 선택하시오. 4) 최종 사용자의 프로파일을 만드시오.

◈ 참고문헌

머니투데이, 창업실패이유, 2014. 10. 3.

빌 올렛(2014. 6), MIT 스타트업 바이블, 백승빈 역, 비즈니스북스.

11. 제품 디자인(Product Design)[18]

구 분	주요내용
문제 제기	여러분이 가진 제품 및 서비스를 어떻게 디자인할 것인가?
문제해결 중심내용 (Problem-based Learning)	- 제품에 대한 사용 시나리오를 작성하라. - 제품을 시각적으로 표현하라. - 제품의 가치를 숫자로 나타내라(Value Proposition). - 아이디어에 대한 가설을 검증하라.

Action 1 제품에 대한 사용 시나리오를 작성하라.

고객이 실제로 제품을 구매하는 과정을 구체적이고 시각적으로 묘사하면 고객의 선택을 어렵게 만드는 장애요인과 고객의 가치사슬에 대해서 알 수 있다. 아래의 경우는 고객이 가구를 구매하는데 각 과정별로 시나리오를 작성해서 문제점과 가치사슬을 파악할 수 있는 사례이다.

---

18) 빌 올렛, MIT 스타트업 바이블, 2014 내용을 바탕으로 재정리.

[그림 11-1] 제품에 대한 사용 시나리오 작성

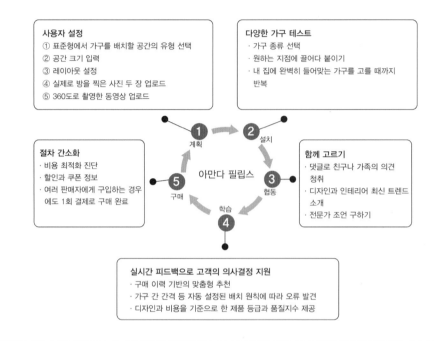

사용자 설정
① 표준형에서 가구를 배치할 공간의 유형 선택
② 공간 크기 입력
③ 레이아웃 설정
④ 실제로 방을 찍은 사진 두 장 업로드
⑤ 360도로 촬영한 동영상 업로드

다양한 가구 테스트
· 가구 종류 선택
· 원하는 지점에 끌어다 붙이기
· 내 집에 완벽히 들어맞는 가구를 고를 때까지 반복

절차 간소화
· 비용 최적화 진단
· 할인과 쿠폰 정보
· 여러 판매자에게 구입하는 경우에도 1회 결제로 구매 완료

함께 고르기
· 댓글로 친구나 가족의 의견 청취
· 디자인과 인테리어 최신 트렌드 소개
· 전문가 조언 구하기

아만다 필립스

1 계획
2 설치
3 협동
4 학습
5 구매

실시간 피드백으로 고객의 의사결정 지원
· 구매 이력 기반의 맞춤형 추천
· 가구 간 간격 등 자동 설정된 배치 원칙에 따라 오류 발견
· 디자인과 비용을 기준으로 한 제품 등급과 품질지수 제공

출처: 빌 올렛, MIT 스타트업 바이블, 2014.

Action 2   제품을 시각적으로 표현하라.

[그림 11-2]   제품에 대한 시각적 표현

출처: 빌 올렛, MIT 스타트업 바이블, 2014.

제품을 말로 설명해서 고객을 설득시키는 데는 한계가 있으므로, 제품의 특징을 보여주는 그림을 그리든지 제품에 대한 브로슈어를 만들어 쉽게 고객을 설득하려 노력해야 한다. 위의 사례는 야구를 좋아하는 20~40대 남성들을 대상으로 시각적인 표현방법을 통해 다른 야구 웹사이트와의 차별성을 설명하고 있다.

Action 3	제품의 가치를 숫자로 나타내라(Value Proposition).

[그림 11-3] 제품의 가치에 대한 계량차트

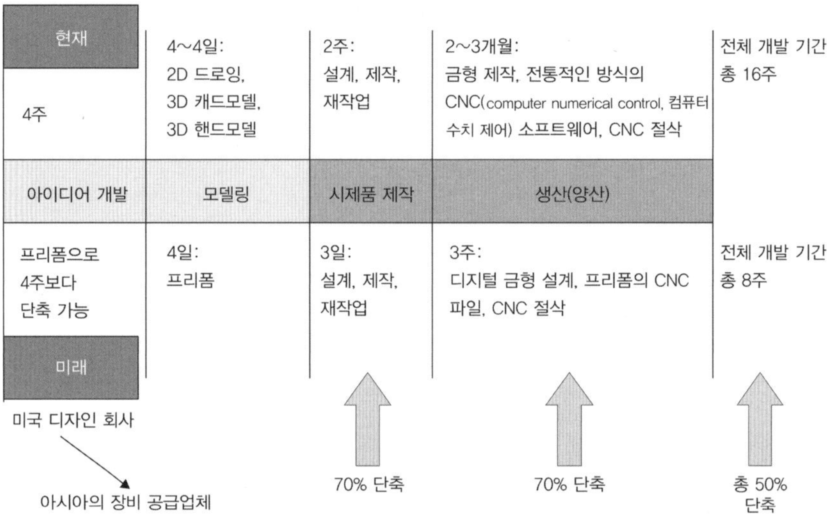

현재	4~4일:	2주:	2~3개월:	전체 개발 기간
	2D 드로잉,	설계, 제작,	금형 제작, 전통적인 방식의	총 16주
4주	3D 캐드모델,	재작업	CNC(computer numerical control, 컴퓨터	
	3D 핸드모델		수치 제어) 소프트웨어, CNC 절삭	
아이디어 개발	**모델링**	**시제품 제작**	**생산(양산)**	
프리폼으로	4일:	3일:	3주:	전체 개발 기간
4주보다	프리폼	설계, 제작,	디지털 금형 설계, 프리폼의 CNC	총 8주
단축 가능		재작업	파일, CNC 절삭	
미래				

미국 디자인 회사

아시아의 장비 공급업체

70% 단축   70% 단축   총 50%
단축

출처: 빌 올렛, MIT 스타트업 바이블, 2014.

　　본인이 제시한 제품 및 서비스에 대한 아이디어에 대해서 가치제안(value propo-sition)을 숫자로 표현을 하면 고객이 쉽게 그 차별성을 인식하게 된다. 위의 경우, '현재' 제품개발과 생산과정에 대해서 기술하고 '미래' 제품개발 및 생산과정을 개발기간 측면에서 단축되는 정도를 숫자로 제시함으로써 제품에 대한 가치제안을 고객에게 설명하고 있다.

Action 4　　**아이디어에 대한 가설을 검증하라.**

〈가설: 고객들은 스마트 폰으로 식료품을 쇼핑한다〉

• 슈퍼마켓에서 식료품을 구입하는 젊은층을 대상으로 모바일 쇼핑 도우미 앱서비스를 제공하려는 아이디어

- 관찰: 슈퍼마켓을 찾아가 목표고객들이 쇼핑하는 모습을 관찰했는데, 아무도 스마트 폰을 사용하지 않음
- 쇼핑객 인터뷰 내용: 대부분 스마트 폰을 가지고 있었지만 기존에 익숙한 쇼핑 방식을 바꿀 의향이 없어 아이폰을 이용해 쇼핑하는 데 관심이 없었음
- 결론: 쇼핑 모바일 앱 서비스는 아직 시기상조로 가설 검증하였음

여러분의 아이디어에 대한 가설들을 페이스 북을 통해 가설 검증을 해 보면 사업에 대한 타당성을 간단하게 검증할 수 있다.

과 제	본인이 제안한 벤처 아이디어에 대해 1. 제품에 대한 사용 시나리오를 작성하라. 2. 제품을 시각적으로 표현하라. 3. 제품의 가치를 숫자로 나타내라. 4. 아이디어에 대한 가설을 검증하라.

◈ 참고문헌

빌 올렛(2014. 6), MIT 스타트업 바이블, 백승빈 역, 비즈니스북스.

12. 하이테크 마케팅 전략(Marketing Strategy)

[표 12-1] 벤처기업에 있어서 마케팅의 중요성

연구개발·제품화 단계부터 마케팅 시각 절실

지난 4월 12일 서울시 삼성동 코엑스에 1만여 명의 치과의사들이 모였다. 이들은 치과계 학술행사인 '오스템미팅 2007'에 참석하기 위해서다.

이 중에는 400여 명 정도의 세계 15개국에서 온 외국인 의사도 참가했다. 이 행사는 국내·외 임플란트 전문가들의 경향과 임상 시술법 등을 소개하고, 현장에서 환자에게 직접 임플란트 시술을 선보인다. 이틀간 걸쳐 진행되는 강연만 약 70여 개에 이른다. 이 행사 주최자는 국내 대표적인 벤처기업으로 꼽히는 치과 임플란트 전문기업 오스템 임플란트(대표이사 최규옥)다. 회사가 이 행사를 주최한 지 올해로 4번째다.

중소기업인 오스템이 대규모 행사를 여는 이유는 무엇일까.

그것은 "기술이 뛰어난 동료의사들의 노하우를 전수하고 더 좋은 치료 결과를 내놓는 게 우리의 영업"이라는 최규옥 대표의 말에서 알 수 있다. 오스템 마케팅의 핵심은 치과의사라는 전문가 집단을 대상으로 임플란트 임상지식 보급을 위한 교육이다. '교육마케팅'을 전담하는 야전사령부는 AIC연수센터다. 센터 교육과 유기적으로 결합, 마케팅을 펼치고 있다.

이로 인한 노력으로 오스템은 국내 최초로 임플란트를 개발했으나 외국산에 밀려 경영난을 겪던 수민종합치재를 2000년에 인수한 지 7년 만에 국내 임플란트 시장을 43%(2006년 기준)가량 점유, 회사는 연평균 100%가 넘는 높은 성장세를 달려 지난해 매출 1,097억원에 달했다.

최규옥 대표는 "이제 시작일 뿐"이라며 "수년 내 매출 1조원을 달성할 것"이라고 자신했다.

오스템처럼 망해가는 회사를 인수, 마케팅과 기술력을 결합해 고속성장한 중소기업이 있는 반면 대부분 중소기업은 기술력을 보유하고도 마케팅의 벽을 넘지 못해 좌절한다. 우수한 제품으로도 인력, 자본, 정보 등이 취약해 성공적인 마케팅에 실패해 문을 닫거나 경영난에 허덕이고 있는 상황이다. 기술도 상품으로 시장에서 요구하지 않는 기술은 아무 쓸모가 없다는 의미다. 기술개발의 궁극적 목표는 상품의 가치를 인정받는 것에 있다는 것이다. 하지만 마케팅을 중요하게 인식하지 않는 현상은 중소기업의 고질적인 문제로 남아 있다. 중소기업 CEO들은 제품이 판매되는 시점에서야 마케팅의 필요성을 생각하는 경우가 의외로 많다.

벤처기업 사장 A씨는 "경험에 의하면 기술이 뛰어난 벤처일수록 마케팅을 소홀히 하는 경우가 많다"면서 "'기술만능' 사고에 마케팅 인식을 높여야 생존가능성이 높다"고 말했다.

"중소벤처기업이 성공하려면 기술(Technology), 생산(Production), 마케팅(Marketing)이라는 3개의 산을 넘어야 한다"고 강조해 왔다. 그는 "기술 고지를 넘는 기업은 전체의 90%지만 생산 고지까지 넘는 기업은 40~50%, 마케팅 고지까지 넘는 기업은 5~10%에 불과하다"며 마케팅의 중요성을 말했다. 전문가들은 중소기업의 마케팅 실패를 줄이는 전략으로 연구개발 및 제품화 단계 이전부터 마케팅 시각이 접목돼야 한다고 지적하고 있다. 특히 단기적인 전략보다 세계시장을 겨냥한 글로벌 마케팅전략을 생존차원에서 추진해야 한다는 게 전문가들의 견해다.

출처: 내일신문, 2007. 8. 21.

대부분 벤처기업은 기술력을 보유하고도 마케팅에 실패를 해서 좌절을 하게 된다. 우수한 제품 기술력을 가지고도 마케팅 전략이 부재하거나 실패를 하게 되어 실제 수익구조가 취약해지는 경우가 많다. 특히 기술이 뛰어난 벤처기업일수록 마케팅에 소홀히 하는 경우가 많으며, 제품이 판매되는 시점에서 마케팅의 필요성을 생각하게 되면 생존가능성이 그만큼 낮게 된다. 따라서 연구개발 단계 및 제품화 단계 이전부터 마케팅 인식을 높여야 되며, 최근 들어 벤처기업이 디지털기술의 발전으로 글로벌화가 쉽게 가능하게 됨에 따라, 단기적인 마케팅 전략보다는 세계시장을 초기부터 설계해야 벤처기업의 성공률을 더 높일 수 있다.

구 분	주요내용
문제 제기	벤처기업에 필요한 마케팅 전략은 무엇인가?
문제해결 중심내용 (Problem-based Learning)	– 벤처기업에 필요한 하이테크 마케팅 특징을 이해한다. – 벤처기업 기술혁신을 수용하는 고객의 행태를 이해한다. – 벤처기업에 필요한 마케팅 전략을 이해한다.

Action 1 　벤처기업에 필요한 하이테크 마케팅 특징을 이해한다.

[그림 12-1] 전통 마케팅 개념

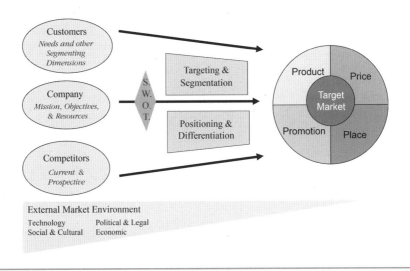

출처: Philip Kotler(1994), Principle of Marketing.

    전통적인 마케팅의 경우, 시장 주체자(Stake holders)는 고객(Customer), 회사(Company), 경쟁자(Competitors) 등으로 구성된다. 시장 주체자를 둘러싸고 있는 기술, 정치 및 법률, 사회 및 문화적 환경, 경제적 환경 등 외부시장 환경에 대한 분석은 SWOT 분석을 통해 본인의 회사(Company)의 강점 및 약점, 외부환경의 위협과 기회에 대해 분석한다. 그리고 시장 주체자 중 소비자(Customer)에 대한 분석은 시장세분화(Segmentation), 표적시장(Targeting), 시장정립(Positioning)을 통해 소비자 및 시장분석을 한다. 또한 전통적인 마케팅은 제품(Product), 가격(Price), 프로모션(Promotion), 장소(Place) 등 마케팅 믹스전략을 구사하는 마케팅을 말하며, 전통적인 마케팅 제품들은 급격한 기술변화에 민감하지 않고 시장 불확실성이 낮은 제품들을 말한다.

    반면에 하이테크 마케팅 제품은 급격한 기술변화와 시장 불확실성에 민감한 제품으로 IT산업의 하드웨어, 소프트웨어, 반도체, 통신, 디지털 전자 제품, 콘텐츠 게임, 엔터테인먼트 등 서비스산업 및 바이오 기술 산업제품이 이에 해당이 된다. 앞에서 말했듯이 하이테크 마케팅은 아래와 같이 기술 불확실성과 시장 불확실성을 갖고 있는 특징이 있다.

[표 12-2] 하이테크 마케팅의 특징

기술 불확실성
- 신기술이 고객에게 약속한 것과 같이 제대로 작동할 것인가
- 부작용(Side-effects)이 없는가
- 최종사용자에게까지 의도한 품질수준의 서비스가 제대로 전달될 것인가
- 개발완료 및 출시 시점을 맞출 수 있을 것인가
- 또 다른 신기술이 자사제품 혹은 서비스를 진부화시킬 위험은 없는가

시장 불확실성
- 신기술이 고객의 어떠한 니즈(Needs)를 충족시킬 수 있는가
- 미래의 고객 니즈는 어떻게 변화할 것인가
- 산업 표준이 어느 것으로 결정될 것인가?
- 혁신의 확산 속도가 어떠할 것인가
- 잠재 시장의 규모는 얼마나 될 것인가

하이테크 제품은 하나의 제품에서 느끼는 가치(Value)의 크기가 소비자들 간에 매우 큰 차이를 보이며, 따라서 하이테크 제품은 기존 4P중에 상품 전략이 나머지 세 요소보다 훨씬 비중 있게 다루어지고 있다. 또한 최근같이 기술수명 및 제품에 대한 수명주기가 매우 짧아짐에 따라, 시간이 매우 중요 전략요소로 작용을 한다.

애플 제품 등 IT의 제품의 경우, 선도 진입자 우위(First mover's advantage)가 시장에 작용이 되어 먼저 기술 및 제품을 개발한 회사가 전체의 시장에서 시장 점유율의 우위를 차지하게 되어 승자 독식을 하게 된다. 이에 따라 연구개발에 속도전쟁을 하게 되고, 시장에서 필요한 시간(Time to Market)에 제품이 출시되어야 성공할 수 있게 되고 있다. 또한 뛰어난 기술개발도 중요하지만 시장에서 표준으로의 위상정립 여부에 따라, 제품에 대한 성공여부가 결정되어진다.

[그림 12-2] 승자 독식의 원리

시장점유율
100
50
Tipping point
가속도가 붙기 시작하는 지점
Winner
Battle Zone
Loser
시간

[그림 12-3] 산업표준의 중요성

골리앗 소니의 패배: 베타 vs. VHS 전쟁

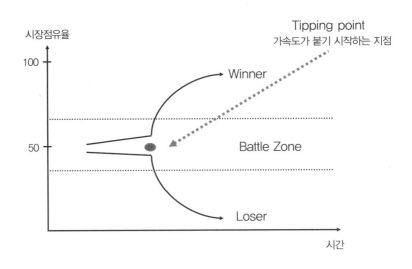

- 소니는 1970년대 후반에 경쟁사인 마쓰시타에서 독립한 JVC로부터 VCR을 공동으로 개발하자는 제안을 받았으나 거절
- JVC는 우여곡절 끝에 독자적으로 'VHS'(Video Home System)방식의 VCR을 내놓고 히타치와 RCA사를 끌어들여 생산
- 1985년까지 VHS 방식은 전 세계 VCR 판매의 80% 이상을 차지했으며, 베타 방식의 VCR을 소유한 사람들은 불리한 소수로 전락
- 21세기에 들어 소니와 마쓰시타는 디지털 가전제품을 서로 연결하는 플래쉬 메모리 카드 분야에서 다시 한 번 표준 경쟁을 시작
- 일방적으로 표준을 정해서 밀어붙이는 소니사의 방식이 시장의 반발을 샀으며, 소니의 메모리 스틱은 결국 마쓰시타사의 SD카드에게 또 한 번의 패배를 기록

S VHS
VHS
SONY
4GB
4.0GB
SD

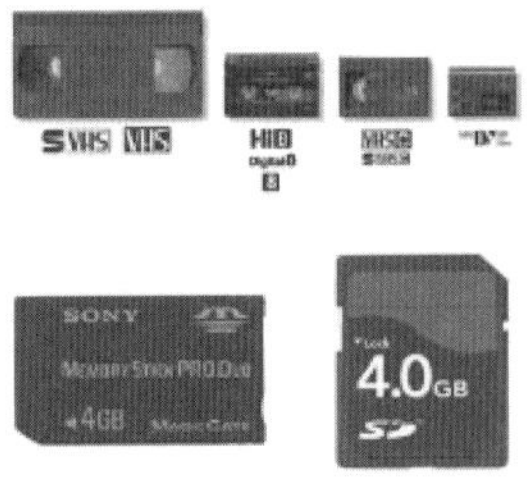

출처: 이주성(2009), 기술 경영 전략 Plus, 경문사.

　또한 하이테크 제품은 산업표준이 어느 제품으로 정해지느냐에 따라 시장의 성공과 실패가 정해진다. VCR시장에서는 VHS방식이 지배적인 디자인(Dominant Design)이 되어 SONY를 패배시켰으며, 플래시 메모리 시장에서도 마쓰시타의 SD카드가 SONY의 메모리 스틱을 누르고 표준전쟁에서 승리했다.

[그림 12-4]　캐즘이란

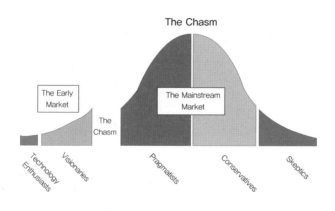

출처: Geoffrey A. Moore(1991), Crossing the Chasm and Inside the Tornado.

　캐즘(Chasm)이란 원래 지질학에서 쓰이는 용어로 지각변동 등의 이유로 지층 사이에 큰 틈이나 협곡이 생겨 서로 단절되어 있다는 뜻이다. 제프리 A. 무어(1991)는 이러한 현상을 마케팅 분야에서 찾았는데 그것이 첨단기술 수용론이라고도 불리는 캐즘 마케팅 이론이다. 캐즘이론의 요지는 첨단 제품의 초기 수용자와 그 이후 주류 시장의 수요자들은 서로 다른 시점에 서로 다른 이유로 제품을 구매한다는 것이다. 또한 제품이 아무리 혁신적일지라도 실용적이지 못하면 시장에서 성공하기 힘들기 때문에 혁신성을 중시하는 소비자가 중심이 되는 초기시장과 실용성을 중시하는 소비자가 중심이 되는 주류시장(Mainstream) 사이에서 첨단기업은 종종 급격한 매출감소나 정체를 겪을 수 있다.

　캐즘은 서로 이웃하고 있는 기술수용주기 상의 2집단, 즉 선구자집단(Early Adopters)과 실용주의자 집단(Early Majority)의 상이한 가치관에서 발생한다. 이러한 캐즘의 발생 원인을 이해하려면 불연속적 혁신과 연속적 혁신, 첨단 기술에 대한 소비자들의 태도와 심리상태에 대한 이해가 먼저 필요하다. 먼저, 연속적 혁신(Continuous inno-vation)은 행동 양식의 변화를 요구하지 않는 일상적인 기능향상을 일컫는 말이다. 예를 들어, 기존 모니터에서 LCD모니터, LED모니터 등으로 같은 속성이 지속적 및 연속적으로 혁신하는 경우를 말한다. 즉, 소비자가 이런 개선점을 누리기 위해 기존의 인프라나 사용 방식을 바꿀 필요가 없다. 하지만 불연속적 혁신은 소비자뿐만 아니라, 기존 인프라에도 큰 변화를 요구한다. 이는 DMB같은 사례가 해당될 수 있다. DMB는 초기 시장이 형성되고 있으나 이를 시청하기 위해 단말기나 관련 콘텐츠 등이 주류시장에 진입할 수 있도록 더 저렴하고 다양한 서비스가 이루어져야 하기 때문이다.

캐즘의 대표적인 사례는 애플의 넥스트 컴퓨터와 같이 첨단기술이 시장을 지나치게 앞서 나가는 바람에 오히려 실패를 하는 경우이다.

[그림 12-5] 캐즘의 대표적 사례: 애플의 NEXT 컴퓨터

- 1988년 스티브 잡스가 세운 넥스트사 '넥스트 큐브' 개발
- 당대 혁신이라 불리운 혁신적 장치들을 사용
- 광학디스크, 17인치 모니터, 8MB 메모리
- 'NEXTSTEP'이라는 혁신적인 OS 사용
- 전문가들로부터 '최고의 컴퓨터'라는 찬사를 들음

- 1989년 한해 동안 고작 360대 판매
- 우수한 기술 탑재로 지나치게 비싼 가격
- 지원 소프트웨어 및 주변기기 등이 충분히 개발되지 않음
- 넥스트 큐브 혼자만의 앞선 기술은 소비자들에겐 무용지물

Action 2   **벤처기업의 기술혁신을 수용하는 고객형태를 이해한다.**

[그림 12-6]   기술혁신 수용모델

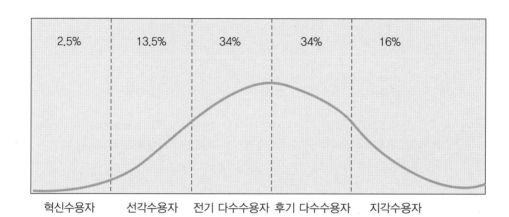

2.5%	13.5%	34%	34%	16%
혁신수용자	선각수용자	전기 다수수용자	후기 다수수용자	지각수용자

출처: Geoffrey A. Moore(1991), Crossing the Chasm and Inside the Tornado.

기술혁신 수용주기는 위와 같으며, 혁신수용자, 선각수용자, 전기 다수수용자, 후기 다수수용자, 지각수용자 등 5가지 형태의 수용자가 존재한다. 혁신수용자(Innovators)는 새로운 기술이 나왔을 때 무조건 받아들이는 계층으로 신기술에 문제가 있거나 불편하더라도 사용하는 데 아무런 불평도 제기하지 않는다. 구매력은 별로 없으나, 구매 정보 통제자로서 영향력을 행사하며, 전체의 2.5%에 해당된다.

그리고 선각수용자(Early Adopters)는 신기술의 진가를 알아차리고 그것이 가져다 줄 경제적 이익과 전략적 가치를 높이 사는 계층이다. 전기 다수수용자의 역할모델로서 참조사례가 되어 매우 중요한 역할을 하며, 13.5%가 해당된다. 그러나, 전기 다수수용자(Early Majority)는 실용적 구매 계층으로서 기본적으로 첨단 기술에 관심을 가지고 있지만, 모험을 하고자 하지 않으며, 신기술이 성숙될 때까지 기다리는 계층이다. 이 계층은 점진적인 변화에 따른 생산성 향상에 필요한 계층이며, 특히 이 계층은 검증된 성과를 요구하는 계층으로 구매의사 결정시 복수 대안을 고려하며, 전체에 있어서 가장 중요한 고객 집단으로 34%에 해당된다.

반면에 후기 다수수용자(Late Majority)는 첨단 기술에 대한 부정적인 시각을 가지고 있으며, 신기술이 업계의 표준으로 인정받지 못한다면 이를 도입하려 하지 않는다.

보수주의 계층에 해당되며, 위험 회피형 소비자로서 대부분 가격에 민감하지만, 제품의 성숙기에 있어서 수확을 위해 고려해야만 되는 고객집단으로 전기 다수자와 같은 비중인 34%를 차지하고 있다. 마지막으로 지각수용자(Laggards)는 신기술을 활용하지만 기술의 존재나 이용 방법 등을 알지 못하며, 16%에 해당하는 계층이다.

Action 3	벤처기업에 있어서 필요한 마케팅 전략을 이해한다.

[그림 12-7] 캐즘 마케팅

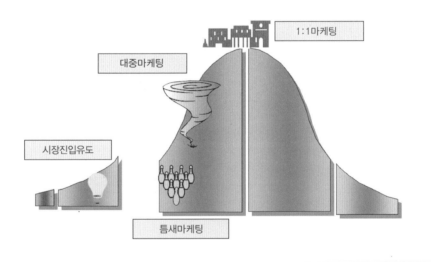

출처: Geoffrey A. Moore(1991), Crossing the Chasm and Inside the Tornado.

가. 시장진입(Market-entry) 유도전략

시장진입 유도전략이 필요한 단계는 혁신수용자(Innovators)나 선각수용자(Early Adopters) 등 소수 기술애호가들만이 제품의 가치를 알아볼 뿐 많은 대중들은 그 제품과 서비스에 대해 수용을 꺼리는 단계이다. 이 경우, 불완전한 제품의 완성도를 높이고 산업 표준화시키는 데 노력을 하게 된다. 이 단계에서 성공하기 위한 마케팅 요소는 혁신적인 첨단기술이어야 하고, 우세한 서비스 협력자와 제휴업체가 배후에서 선도적인 역할을 해야 된다.

나. 틈새 마케팅(Niche Marketing) 전략

틈새 마케팅 단계는 제품이 교두보 틈새시장에서는 인정을 받고 있으나, 대중화로 확산이 안 되고 있는 단계를 말한다. 이 경우, 교두보 틈새시장을 선정하여 집중적으로 마케팅공략이 필요하며, 틈새시장에서 선도자로서 자리매김에 총력을 기울여야 한다. 이러한 틈새시장에서 성공하기 위해서는 최종사용자(End user)나 경제적 구매자를 표적고객(Target customer)으로 정하고, 제품의 제휴사나 협력사의 지원을 받아 완전완비 제품(Whole product)을 완성하여 완전완비 제품을 확대 보급하는 데 총력을 기울여야 한다.

다. 대중 마케팅

대중 마케팅 단계는 시장 선도자가 초 고속성장을 이루는 시기로 수요가 공급을 초과하기 시작하여 고객과 수주물량이 급증하여 적체현상을 야기하는 시점이다. 이 단계에서는 시장노출과 시장 점유율을 최대화하여 제품이 시장표준화가 되어 가능한 많은 신규고객을 평생고객으로 확보토록 노력해야 한다. 대중 마케팅이 성공하기 위해서는 모든 고객을 대상으로 단일품목의 완전완비 제품을 구비하고 일용 상품화하고, 대규모 유통망을 확보하여 수익기반을 통한 가격경쟁이 요구되어진다.

라. 1 : 1 마케팅 전략

이 단계에서는 제품판매의 안정화 시기이며, 사실상 더 이상의 수요는 기대하기 어려운 시점이다. 일용 상품화된 완전완비 제품에 디자인, 편의성 등 부가적인 요소를 추가하여 새로운 수요를 창출해야 한다. 1 : 1 마케팅 전략이 성공하기 위해서는 제품을 실제 사용하는 최종 소비자가 표적고객이 되며, 최종 사용자와의 직접적인 빈번한 접촉을 통해 1 : 1 마케팅을 해야 한다. 보다 효율적인 마케팅이 되기 위해서는 제품자체가 아닌 최종 사용자가 겪게 되는 가치나 경험에 집중해야 효율적인 마케팅전략이 될 수 있다.

과 제　본인이 제안한 벤처 아이디어에 대해 단계별 마케팅 전략을 제시하시오.

♣ 참고 사례:　벤처기업의 마케팅 극복사례

콜라겐사(Collagen Corp.)의 캐즘 극복

과연 몇 명이나 돈을 지불하고서 주름제거를 위해 피부 밑에 소의 지방을 주사 맞으려고 할까요?

정답 : 수백만 명

소의 지방을 주로 주입하다니 정말로 공포스러운 일이 아닌가? 콜라겐사(Collagen Corp.)가 초창기에 맞닥뜨렸던 판매의 어려움을 생각해보라. 그러나 콜라겐사의 마케팅 팀은 뛰어난 마케팅 전략 수립과 실행으로 성공을 이끌어냈다. 그리고 모든 정황을 살펴볼 때 그들의 성공은 계속될 것 같다. 이 회사는 초창기에 이중고를 겪었다. 의사와 환자 모두를 설득시켜야 했기 때문이다. 수년간 계속된 임상실험이 끝나고,

드디어 콜라겐사는 의료업계에 송아지의 피부에서 추출한 소프트 젤인 자이덤(Zydrem)의 사용법을 교육하고 제품을 판매하는 데 350만 달러를 쏟아 부었다. 치료기능 없이 순전히 미용적인 목적만을 만족시키는 새로운 물질의 사용을 주저하는 그룹에게는 전문가적인 이미지로 접근을 시도하여 성공을 거두었다.

하지만 다음 단계가 더 힘들었다. 즉 일반의나 가정 의학의가 아니라 대부분이 피부전문의와 성형전문의들만 다룰 수 있는 제품에 대한 소비자의 수요를 만들어내는 일이 더욱 힘들었던 것이다. 즉 의사를 통해 환자에게 이런 종류의 제품을 판매하는 것은 지금까지 유례가 없었던 것이다. 마진이 80퍼센트가 넘는 자이덤 콜라겐 치료에 대한 소비자의 수요는 비관적이었다. 하지만 콜라겐사는 포기하지 않고 다음과 같이 5개의 타깃 그룹으로 소비자를 분류했다.

즉 지위 추구형 그룹, 직업전선에 뛰어든 나이든 여자 그룹, 미용전문가 그룹, 연예인 등의 공인 그룹, 피부질환으로 생긴 흉터가 있는 그룹이 바로 그것이었다. 콜라겐사는 35세에서 54세에 이르는 여자들 중 연수입이 2만 5천 달러 이상인 여자들의 시선을 잡기 위해 수백만 달러의 광고 예산을 들여서 타운 앤 컨트리(Town & Country)와 보그(Vogue)와 같은 고급 잡지를 이용했다. 그 후에는 우먼스 데이(Woman's Day)와 레이디스 홈 저널(Ladies' Home Journal)같은 잡지로 확대해 나갔다. 하지만 콜라겐사의 사례에서 중요한 점은 부유하고 교육 수준이 높은 타깃 소비자들에게 정확한 동기를 일깨워준 콜라겐사 마케팅팀의 능력이다. 그들의 소비자 계층은 상당히 보수적인 경향이 있었기 때문이다. 그들의 소비자층은 자신이 늙어가고 있고 주름이 생긴다는 사실을 인정하고 싶어하지도 않는데, 어떻게 이들로 하여금 몇백, 몇천 달러나 외모를 위해 소비하라고 설득할 수 있겠는가?

대부분의 소비자들에게 있어서 조금 젊어 보이고 싶어서 수백 달러씩 쓴다는 것은 경박스럽고 방종한 짓이라는 생각이 들었을 것이다. 그래서 콜라겐사는 '하룻밤만에 젊어지는'이라는 경박한 이미지를 피하여 자신들의 광고를 이 제품이 "불완전한 피부를 다듬어줄 수 있습니다. 젊게 보이는 것은 몰라도 확실히 좋아보일 수 있습니다"라고 주장했다. 노화로 인한 주름방지 효과에 대해서는 이 제품의 사용을 사회적 지위의 상징으로 대치시키는 방법을 이용하여 보다 더 간접적으로 접근했다. 활동적이고 부유하며 성공적인 여성의 물건들이 놓인 화장대 위에 "그녀는 몇 개의 주름이 생길만큼 성공했고, 그 주름들을 어떻게 해야 할지 알 만큼 현명했다"라는 헤드카피를 붙였다. 그리고 이어서 "주름이 생겼다고 해서 반드시 주름진 얼굴로 다닐 필요는 없습니다"라고 확실하게 쐐기를 박았다.

신상품이 시장에 나오게 되면 이에 대한 소비자의 수용태도에 따라 성공과 실패가 판가름나게 된다. 특히 혁신자 그룹에서 일반 소비층으로 넘어가기 위해 캐즘(깊은 계곡 — 초기시장에서 주류시장으로 넘어가는 단절의 간격)영역에서 빠져나오는 과정은 마케터로서 중요한 사명이라고 볼 수 있다. 콜라겐사는 상위계층의 여성을 대상으로 사회적 지위의 상징이 아닌 보다 더 간접적으로 접근하여 소비자의 잠재된 욕망을 일깨워 주었다. 광고 캐치 프라이즈의 위대한 마력을 느껴본다.

출처: 소비의 심리학(로버트 B. 세틀, 파멜라 L. 알렌)/대홍기획 마케팅컨설팅그룹(2007. 6. 7) p.73~ p.75.
http://blog.naver.com/hojang80?Redirect=Log&logNo=140024821966

◈ 참고문헌

내일신문(2007. 8. 1), 연구개발, 제품화 단계부터 마케팅시각 절실.
대홍기획 마케팅컨설팅그룹(2007. 6. 7), 소비의 심리학, p.73~p.75.
        http://blog.naver.com/hojang80?Redirect=Log&logNo=140024821966
이주성(2009), 기술 경영 전략 Plus, 경문사.
Geoffrey A. Moore(1991), Crossing the Chasm and Inside the Tornado.
Kotler, Philip(1994), *Principle of Marketing*, Prentice−Hall.

13. 자금조달(Financing)

구　　분	주요내용
문제 제기	벤처기업 운영에 필요한 회계지식은 무엇인가? 창업에 필요한 자금조달 방법은 무엇인가?
문제해결 중심내용 (Problem – based Learning)	− 벤처기업을 운영하기 위해 기본적인 회계지식을 습득한다. − 창업에 필요한 자본조달 방법을 고려한다. − 본인이 직접 창업자금 계획서를 작성한다.

Action 1 　기본적인 회계지식을 이해한다.

[그림 13-1]　재무제표

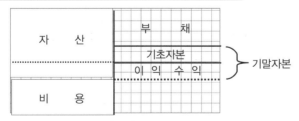

- ⊙ 대차대조표 (B/S) : 일정시점, 재무상태
- ⊙ 손익계산서 (I/S) :　일정기간, 경영성과
- ⊙ 이익잉여금 처분계산서
- ⊙ 현금흐름표

자산 / 부채 / 기초자본 / 이익 수익 / 비용 / 기말자본

- 자산 = 부채 + (기말)자본
- 수익−비용 = 이익
- 기간이익 결정의 중요성

　　재무제표란 회사의 경영과 재산상태를 명확히 표시하기 위한 서류이다. 계산서류라고도 한다. 물적 회사인 주식회사와 유한회사에 대하여 그 작성이 요구된다(상법 제

447조, 제579조). 재무제표란 재무회계의 과정을 통해 수집·처리된 정보를 정기적으로 이용자에게 전달하는 방법으로서 재무보고의 가장 핵심적인 보고수단으로 활용되고 있다. 상법에는 대차대조표, 손익계산서 및 이익잉여금 처분계산서 또는 결손금처리 계산서를 재무제표로 하고 있으며, 기업회계기준에서는 대차대조표, 손익계산서, 자본 변동표, 이익잉여금 처분계산서 또는 결손금처리계산서, 현금 흐름표, 주석을 재무제 표로 정하고 있다.

[그림 13-2] 재무제표의 유기적 관계

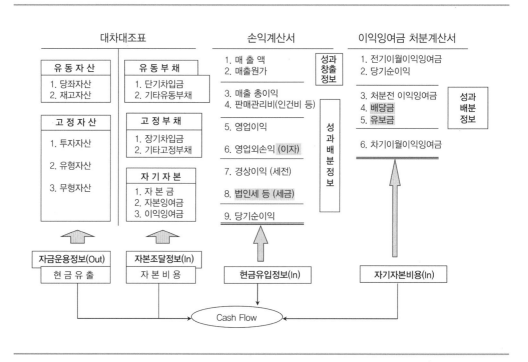

대차대조표는 기업의 일정 시점의 재무상태를 나타낸 표로 자산, 자본, 부채로 나 뉘어 있으며 기업의 현 자산상태, 부채 상태, 즉 재무상태를 알 수 있다. 손익계산서 는 기업의 일정기간 경영성과를 나타낸 표로 수익, 비용이 나타난다. 또한 당기순이익 (또는 순손실)이 표시되는데 기업이 얼마나 경영을 잘 했느냐에 따라서 당기순이익이 높을 수도, 낮을 수도 있다. 이익잉여금 처분계산서는 주식회사일 경우에 이익잉여금

(또는 결손금)이 생긴다. 그 이익잉여금을 처분한 내역을 보여주는 재무제표인데 기업의 이익잉여금을 어떻게 처분했는지 알 수 있다. 현금 흐름표는 기업의 현금흐름을 나타내는 표이다. 기업회계기준에서는 '현금의 변동 내용을 명확하게 보고하기 위하여 당해 회계기간에 속하는 현금의 유입과 유출내용을 적정하게 표시하여야 한다'라고 규정되어 있다. 현금 흐름표는 영업활동으로 인한 현금흐름, 투자활동으로 인한 현금흐름, 재무활동으로 인한 현금흐름으로 구분하여 표시하고, 이에 기초의 현금을 가산하여 기말의 현금을 산출하는 형식으로 표시한다. 영업활동에 의한 현금 유입은 매출·이익·예금이자·배당수입 등이 있고 매입, 판공비 지출, 대출이자 비용, 법인세 등으로 유출된다. 투자활동에 의한 현금유출은 유가증권·토지 매입, 예금 등이 있고, 유가증권·토지 매각 등으로 인해 유입된다. 재무활동에 의한 현금유입은 단기차입금의 차입, 사채, 증자 등이며, 단기차입금·사채 상환 등으로 유출된다(매경 닷컴).

| Action 2 | 창업에 필요한 자본조달 방법을 고려한다. |

가. 자본조달시 고려사항

창업자는 자본조달 시 고려해야 될 요인에 대해서 평가한 후 자본을 조달할 필요가 있는데 다음과 같은 사항을 고려해야 한다.

- 소요자금의 액수는 얼마인가
- 자금의 용도
- 조달된 자금에 의해 어떻게 경영성과를 향상시킬 수 있는가
- 채무상환 능력 및 계획은 있는가
- 사업이 어려울 때 추가적 자금조달에 관한 대안은 있는가

반면에 투자자는 위험(Risk)과 수익(Return)을 고려하여 위험이 높을 때 높은 수익을 요구하는데, 보통 융자에 대해서는 개인 또는 기업의 자산을 담보로 하며, 장기보다는 단기에 채무상환을 선호하는 것을 창업자는 인식하고 있어야 한다. 그리고 투자자에게 경영참가 허용 등 투자자에게 기업 통제수단을 허용해야 될 경우도 있다. 위의 기본적인 고려사항뿐만 아니라, 자금시장의 동향(Investor preference), 자금조달의 시간(Time constraints), 자금조달 비용(Financing costs), 사업의 매력도(Glamour of venture), 인간관계, 경제 및 산업계 동향(Nature of the industry) 등 자본사용에 영향을 주는 요인들을 고려해야 한다.

나. 자본조달의 형태

자본조달의 형태는 크게 내부 자본조달 방법(Internal funds)과 외부 자본조달 방법(External funds)으로 구분할 수 있다. 내부 자본조달은 대부분 창업자 개인이 가지고 있는 자본에 의한 것이다. 그 외에도 창업을 통한 이익창출에 의한 자본조달, 사용빈도가 적은 자산 매각(Sales of assets)을 통한 자본조달, 공급자로부터의 신용(지급어음의 연장으로 인한 운전자본의 증가), 매출채권을 조기에 회수함으로써 자금을 조달할 수 있다.

외부 자본조달(External funds)은 친척이나 친구 등 지인을 통한 자본조달, 개인 투자자인 엔젤투자자, 대기업의 투자, 벤처 캐피탈, 부채에 의한 자본조달, 주식발행에 의한 자본조달 등이 있다. 대기업 투자의 경우, 대기업은 여유자본을 수익성이 높은 벤처기업에 투자를 하거나, 또는 사업의 다변화를 위해 새로운 분야에 투자를 하는 경향이 있다. 따라서 이런 자금을 투자받는 것도 자본조달의 한 방법이 된다. 벤처 캐피탈은 위험성이 높은 벤처기업에 자본수익을 목적으로 투여되는 전문적인 투자자금을 말한다. 투자방법으로는 벤처기업의 주식취득 및 소유, 중장기 자금의 융자가 있다. 벤처기업에 대한 투자는 고위험이기 때문에 창업 초기자금에 대해서는 50% 이상의 수익을 요구하고 기업 확장 자금 시에는 25%~35% 정도의 고 수익을 요구하게 된다. 또한 경영에 개입을 통해 벤처기업에 대한 전문적인 컨설팅도 담당하게 된다.

부채에 의한 자본조달은 기업이 채무자로서의 의무를 다하기로 약정을 하고 제3자나 금융기관으로부터 차입하는 것을 말한다. 부채에 의한 자본조달은 약정된 기간 안에서만 이용할 수 있는 기한부 자본이다. 부채는 채무상환계획에 따라 상환되기에 상대적으로 위험이 적은 자본으로 추정된다. 부채에 의한 자본조달은 크게 현금대출(Cash flow financing)과 자산 담보부 대출(Asset-based financing)로 구분한다. 현금대출은 다시 단기부채(Short-term financing), 장기부채(Long-term financing), 신용한도 대출(Line of credit financing)로 나눈다. 단기부채는 차입기간이 1년 미만인 부채로 주로 기업의 계절적 운용자본(Seasonal working capital)에 사용되고 대출기간은 일반적으로 30~40일이다. 장기부채는 차입기간이 1년 이상인 부채로 보통 10년 정도 차입하며 채무상환계획에 의해 상환된다. 신용한도 대출은 금융기관이 일정기간, 일정금액 범위 내에서 기업의 대출약정에 의해 자본을 조달한다. 그리고 자산 담보부 대출은 담보물건에 따라, 매출채권 담보부 대출(Accounts receivable), 재고자산 담보부 대출(Inventory), 설비 담보부 대출(Equipment), 부동산 담보부 대출(Real estate), 개인 보증대출(Personally secured loans) 등이 있다.

주식발행에 의한 자본조달은 기업공개(IPO; Initial post offering)는 주식을 일반대중에게 모집을 하거나 매출한 후 증권시장에 상장을 시켜 자본 조달하는 방식이다. 벤처기업의 경우, 벤처기업의 재무구조를 개선하고 자기자본 비용을 절감시키는 효과가 있으며, 소유와 경영의 분리를 원활히 시켜 줌에 따라, 주식시장은 벤처기업의 자본조달과 투자회수의 장으로 중요한 역할을 한다. 특히 KOSDAQ은 유망 벤처기업 및 중소기업의 자금조달 시장이며, 해외의 경우는 미국 NASDAQ, 일본 JASDAQ, 영국 AIM, 유럽 EASDAQ 등이 있다.

다. 성장단계별 자금조달

[그림 13-3]　성장단계별 자금조달

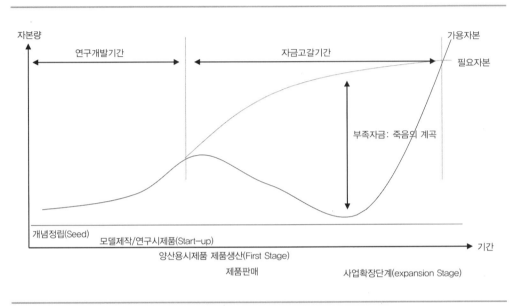

출처: http://yourteammates.blogspot.kr/2013/04/blog−post_9.html?view=sidebar, 재정리.

　　위의 그림은 벤처기업이 제품을 개발하여 시장에 출시할 때까지의 단계별 소요자금과 창업자의 가용 자본 간의 변동추이를 표시한 것이다. 크게 연구개발 기간과 자금고갈기간으로 구분되며, 연구개발 기간은 보통 창업 예비단계인 Seed Stage를 거쳐서 모델 제작 및 검증기간과 연구실 시제품 개발단계인 Start−up stage를 말한다. 양산용 시제품 개발단계와 제품생산단계인 시장진입 단계(First stage)부터 자금이 부족하기 시작하게 된다. 제품이 시장에 출시가 되어 판매가 이루어지고 매출이 증가하는 기간을 지나 사업이 확장되는 단계(Expansion stage)에 또 자금이 필요하게 된다. 이때를 자금 고갈기간이라 한다.

　　벤처기업의 성장단계별로 가용자금이 필요하게 되는데, 단계별로 살펴보면 seed stage에는 신기술 및 신상품의 아이디어에 대한 연구비와 원형(Prototype)을 제작하는 데 들어가는 자금인 씨앗자금(Seed money)이 필요한데 보통 창업자나 친척이나 친구의 자본으로 충당된다. Start-up 단계에서는 제품을 완성하고 사업계획을 가지고 기업화하는 단계에 필요한 자금이 요구되는데, 주요 자금 원은 창업자나 친지들이거나 엔젤 투자자, 벤처 캐피탈, 대기업 투자들로부터 이루어지게 된다. 시장 개척단계인 First stage에서는 제조 및 마케팅 활동 등을 위해서 소요되는 초기 운전자금이 필요하게 된다. 주요 자금원은 엔젤 투자자, 정부 융자, 보증대출, 전략적 파트너쉽, 삼자보증 등이다. 기업 확장단계에서는 기업이 성장하고 상품의 판매량이 증가함에 따라, 추가적으로 소요되는 운전자금과 시설확장을 위한 자금이 필요하게 된다.

세부적으로 살펴보면, 초기 확장단계(Second-stage financing)에서는 제품을 생산하여 매출을 내고 있으며 재고가 증가하는 기업의 운전자금으로 매출은 증가하나 손익분기점 이상의 수익을 내지 못하고 있는 시기이다. 이 단계에서는 주로 벤처캐피탈의 자본이 투자된다. 메자닌 단계(Mezzanine financing)에서는 매출액이 증가하고 이익이 실현되며 기업 확장을 위한 투자자금으로써, 공장 확장, 시장 확대, 마케팅, 품질개선 등에 사용된다. 주요 자본 조달원은 이익, 벤처캐피탈, 부채에 의한 자본조달(현금대출, 자산 담보부 대출, 리스, 전환사채, 무보증 채권 발행 등), 추가적 엔젤투자 등이 있다. 연결지원 단계(Bridge financing)에서는 기업이 주식을 공개하기 6개월이나 1년 전에 자본비율이나 소유구조를 재구성하고 재무구조를 정비하기 위하여 자본증자 시 투자되는 자금으로 주식공개를 통해서 회수되는 자금이다. 주요 조달원은 벤처캐피탈 등이다. 기업 매수 또는 인수단계(Merger and Aquisition)에서는 다른 기업을 매수하거나 다른 기업으로부터 사업의 일부를 흡수하는 데 필요한 자금으로 주요 자본조달원은 벤처 캐피탈, 주식에 의한 자본조달이 된다.

과 제 창업 자금 계획서를 실제로 작성하시오.

《 예 시 》

> ☞ Take out 커피 전문점
>
> 커피 맛을 내기 위해서 최고의 아라비카 원두 사용
> 해외 브랜드보다 가격을 싸게 판매
> 바리스타 교육을 제대로 해 커피 맛을 냄
> 커피뿐만 아니라 맛있는 샌드위치나 쿠키 판매
> 좋은 목을 골라 프랜차이즈로 주변사람에게 권유
> SNS 등을 이용하여 홍보
> 원두 등 재료를 안정적으로 공급 받도록 공급업체와 장기계약
> 인테리어 등 표준화하여 브랜드화 노력

[대차대조표 작성하기]

자금계획(초기)

• 초기투자비용(자산)

－ 인테리어 (유형자산): 55,000,000원

－ 커피머신, 식기 비품 등(유형자산): 5,000,000원

－ 프랜차이즈 비용지급(Brand/무형자산): 5,000,000원 → Place(소매업, 프랜차이즈)

－ 전세보증금(기타자산): 30,000,000원/ 800,000원(월세)

－ 보통예금: 5,000,000원

• 자금조달 내역(부채 및 자본)

－ 자기자금(자본금): 10,000,000

    — 대출
      · 부동산 담보대출(고정부채) — 년 5% 지급: 80,000,000원
      · 마이너스 대출(유동부채) — 년 10% 지급: 10,000,000

(문제 1) 위의 내용을 보고 아래 대차대조표를 작성하시오.

대차대조표(초기)

자산	부채
당좌자산(보통예금): 재고자산: 투자자산:	유동부채 — 마이너스 대출(1년 미만): 고정부채 — 부동산 담보대출(1년 이상):

유형자산
  — 인테리어:
  — 커피머신 등 비품:
 	
무형자산:
 	
기타자산(고정자산)
  — 전세 보증금:
	자본

	자본금(자기자본): 자본잉여금 이익잉여금
합계: 100,000,000	합계: 100,000,000

[손익계산서 작성하기]

영업 개시후 비용(비용)

- 원두커피 가격(매출가격) / 잔당: (가변비용) 500원(300~500원) × 3,000(월) = 1,500,000원
  → Price / Product
- 집세(월)(고정비용): 800,000원
- 전기세 등 유지비용(고정비용): 100,000원
- 인건비(바리스타)(가변비용): 매니저 1명 :월 1,200,000원(하루 10시간 근무)
  알바 1명 × 3,500원(시간당) × 5시간 = 17,500원 × 30일 = 525,000원
  → 인사관리
- 이자지급 → 재무관리
  · 부동산 담보대출이자: 80,000,000원 × 0.05 / 12 = 330,000원
  · 마이너스 대출이자: 10,000,000원 × 010 / 12 = 83,000원
- 광고비 등: 500,000원 → Promotion정책

매출계획(수입)-시뮬레이션

- 1일 커피 100컵인 경우: 100컵 × 2,000원 = 200,000 × 30 = 6,000,000 / 알바 1명 사용
- 1일 커피 200컵인 경우: 200컵 × 2,000원 = 400,000원 × 30 = 12,000,000 / 매니저만 사용
- 1일 커피 300컵인 경우: 300컵 × 2,000원 = 600,000원 × 30 = 18,000,000 / 매니저 1 + 알바 1

참고: 개인사업자 적용세율

과세표준	적 용 세 율
• 1천200만원 이하	• 과세표준의 100분의 6
• 1천200만원 초과 4천600만원 이하	• 72만원+1,200만원 초과하는 금액의 100분의 16
• 4천600만원 초과 8천800만원 이하	• 616만원+4,600만원을 초과하는 금액의 100분의 25
• 8천800만원 초과	• 1,666만원+8,800만원을 초과하는 금액의 100분의 35

(문제 2) 위의 내용을 보고 아래 손익계산서를 작성하시오.

손익계산서(1월)

매출:

(-)매출원가:

매출총이익:

(-)판매관리비(인건비 등):

  - 인건비:

  - 집세:

  - 전기세 등:

  - 광고비:

영업이익:

(-)영업외손익

  - 부동산담보 대출이자:

  - 마이너스 대출이자:

경상이익:

(-) 법인세(6%):

당기 순이익:

추정 손익계산서

계정과목	2011	2012	2013	2014
매출:				
(−)매출원가:				
매출총이익:				
(−)판매관리비:				
− 인건비:				
− 집세:				
− 전기세 등:				
− 광고비:				
영업이익:				
(−)영업외손익				
− 부동산담보 대출이자:				
− 마이너스 대출이자:				
경상이익:				
(−) 법인세(6%):				
당기 순이익:				

(문제 3) 투자한 1억원을 언제 회수하는지 답하시오.

◈ 참고문헌

http://yourteammates.blogspot.kr/2013/04/blog−post_9.html?view=sidebar

http://dic.mk.co.kr/cp/pop/desc.php

[부록] 창업 경영전략 시뮬레이션 게임
(Simulation Game)[1]

1) 김상수, 김영천, 경영전략 시뮬레이션 게임, 2014, 재정리.

목차

I. 오리엔테이션

1. 시나리오 및 경영환경
2. 경영보고서
3. 경영미션
4. 경영의사결정

II. Biz. Simulation

III. 종합정리

© 2014 B2L Soft All Right Reserved

Biz-Champion 교육 프로세스

➤ Biz-Champion 교육은 **오리엔테이션, 기업 경영, 종합 평가**의 3단계로 구성되어 있음

< Biz-Champion 교육 프로세스 >

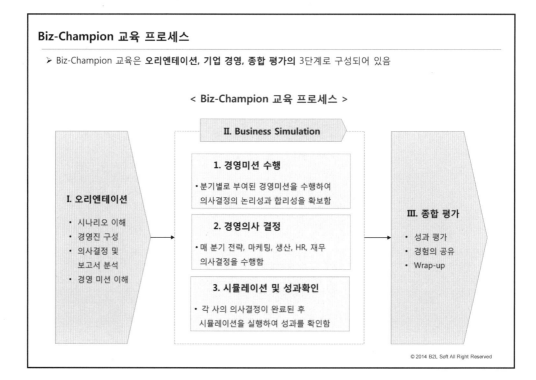

II. Business Simulation

I. 오리엔테이션
- 시나리오 이해
- 경영진 구성
- 의사결정 및 보고서 분석
- 경영 미션 이해

1. 경영미션 수행
- 분기별로 부여된 경영미션을 수행하여 의사결정의 논리성과 합리성을 확보함

2. 경영의사 결정
- 매 분기 전략, 마케팅, 생산, HR, 재무 의사결정을 수행함

3. 시뮬레이션 및 성과확인
- 각 사의 의사결정이 완료된 후 시뮬레이션을 실행하여 성과를 확인함

III. 종합 평가
- 성과 평가
- 경험의 공유
- Wrap-up

© 2014 B2L Soft All Right Reserved

1.1. 시나리오   1. 시나리오 및 경영환경

➤ Biz-Champion 교육은 새롭게 시작하는 기업의 핵심 임원으로 교육생이 임명되면서 시작함

1. 경영진으로 임명됨

① 3년 전, 작은 벤처기업으로 출발한 우리 회사는 전자제품 시장에서 창의적인 아이템으로 성공가도를 달리고 있던 중 이를 지켜보고 있었던 대기업에게 M&A 제안을 받게 되었음
② 여러분은 그 동안의 뛰어난 경영 능력을 인정받아 인수된 기업의 경영진으로 임명되어 사업을 지속하게 됨

2. 소비내구재 전자제품을 판매함

① 여러분이 경영해야 하는 회사가 생산 판매하는 제품은 High-end 소비 내구재 전자 제품임 (예 : 휴대폰, TV, 오디오, 에어컨)
② 현재 제품의 생산 공장은 한국에 있으며, 한국, 미국, 중국 시장에서 영업 본부와 유통 매장을 두고 경쟁하고 있으며 향후 중국 및 미국에 공장에서 제품 공급이 가능(Lead time: 3분기)

© 2014 B2L Soft All Right Reserved

1.1. 시나리오   1. 시나리오 및 창업환경

3. 모든 팀은 동일한 환경에서 시작함

① 사업을 시작하는 초기 단계에 산업 내 경쟁업체들의 **경영 성과 및 경영 자원은 모두 동일하며**, 시작하는 시점의 재무 현황 또한 매우 우수함
② 각 팀들이 동일한 조건하에서 출발하지만 경영 종료 시점의 경영 성과는 **여러분의 능력과 협업 능력에** 따라서 전혀 달라지게 됨

4. 경영 성과를 창출하고 지속 가능 성장을 시켜야 함

① 경영자로서 여러분은 단기적으로 매 라운드 **경영 성과를** 창출해야 함
② 또한 중장기적으로 성장할 수 있는 **잠재력을** 키워놓아야 함

경영자로서, 4차년도 1 분기부터 사업을 어떻게 운영하겠습니까?

© 2014 B2L Soft All Right Reserved

1.2. 기업 현황

➤ 경영 기업의 개요 및 주요 경영성과는 다음과 같음

회사 개요	
업력	3년 (4차년도 1분기 시작)
업종	소비내구재
초기 자본금	250억 원
주식수	5백만 주
자산	753억 원
부채	0
공장	1개 (한국)
생산라인 수	6개
영업본부	3개 (한국, 미국, 중국)
유통매장 수	한 30 / 미 15 / 중 15
영업직원 수	한 250 / 미 130 / 중 130

주요 경영성과 (3차년도 4분기)	
매출액	886억 원
M/S(%)	16.67% (=1/n)
영업이익	52억 원
당기 순이익	42억 원
주가	5,774원
신용등급	3
기말 현금	160억 원
제품 모델 번호	4
품질 등급	4
브랜드 등급	4
직원만족도 등급	4

© 2014 B2L Soft All Right Reserved

1.2. 기업 현황

1. 마케팅 현황과 성과

- 각 사의 판매량은 시장별 경제환경, 계절요인, 자사 의사결정, 경쟁사에 의해서 결정됨
- Zero Sum 게임이 아님
- 경영초기(3차년도 4분기 말) 각 사의 판매량과 재고량은 다음과 같음

	판매량	재고량
한국	66,680	18,149
미국	32,680	3,528
중국	30,500	0
합계	129,860	21,677

1. 시장별 경제 환경

2. 시장별 계절적 요인

3. 자사 의사결정
- 제품 모델 번호
- 가격
- 광고비, 매장당 판매촉진비
- 영업 직원 수
- 기본급, 영업/생산 장려금
- 품질등급, 브랜드 등급
- ....

4. 경쟁사 의사결정

5. 기타 요인

© 2014 B2L Soft All Right Reserved

1.2. 기업 현황

2. 생산 현황과 성과

- 각 영업 본부에서 필요로 하는 양을 한국 공장에 발주(공장 발주량)하면, 공장에서 생산해서 각 영업본부에 입고됨(입고량)

- 경영 초기(3차년도 4분기 말), 각 사는 정규 생산라인 6개를 가지고 있음

- 단위당 생산원가는 **361,670원**이고 총 생산량은 **136,080개**임

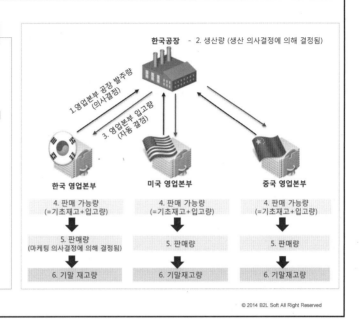

한국공장　-　2. 생산량 (생산 의사결정에 의해 결정됨)

1.영업본부 공장 발주량 (의사결정)

3. 영업본부 입고량 (자동 결정)

한국 영업본부　미국 영업본부　중국 영업본부

4. 판매 가능량 (=기초재고+입고량)

5. 판매량 (마케팅 의사결정에 의해 결정됨)

6. 기말 재고량

4. 판매 가능량 (=기초재고+입고량)

5. 판매량

6. 기말재고량

4. 판매 가능량 (=기초재고+입고량)

5. 판매량

6. 기말재고량

© 2014 B2L Soft All Right Reserved

1.3. 경영진 구성

➢ 기업명을 정하고, 경영진을 구성해야 함 (CEO는 반드시 1명),
➢ 경영진 구성 시 회사에서의 담당 업무 외의 다른 역할을 담당하는 것이 바람직함

기업명

CEO

CMO (마케팅)	COO (생산/운영)	CHO (HR)	CFO (재무/회계)

© 2014 B2L Soft All Right Reserved

1.3. 경영진 구성 – CEO의 역할　　　　　　　　　　　　　　1. 시나리오 및 경영환경

➢ Business Simulation에서 CEO의 역할은 다음과 같음

주요 역할	1. 최고경영자로서 기업을 책임지고 경영하면서 **생존**과 **성장**을 책임 2. 외부환경과 내부역량을 종합하여 **전략적 방향**을 결정함 3. 목표와 전략을 수립하고, 각 **기능별 의사결정**을 **조정**하고 통합함
경영 의사결정	1. 연구개발 – 신제품 개발을 위한 전사 차원의 투자 규모를 결정함 2. CSR활동 – 브랜드 이미지 강화를 위한 사회공헌 투자 규모를 결정함 3. 전략적 의사결정 – M&A, 신기술 도입 등 전략적 이슈에 대한 의사결정을 수행함
경영 미션	1. 경영목표와 전략 수립 – 분기별 전략, 목표, 실행계획을 수립함 2. KPI 분석 – 전사 및 각 기능별 KPI를 도출하고 목표치를 설정해서 관리해야 함

© 2014 B2L Soft All Right Reserved

1.3. 경영진 구성 – CMO의 역할　　　　　　　　　　　　　　1. 시나리오 및 경영환경

➢ Business Simulation에서 CMO의 역할은 다음과 같음

주요 역할	1. 마케팅 및 영업활동을 총괄함 2. 산업 수요 및 경쟁사 분석을 통해 **시장 수요**를 예측함 3. 매출과 이익극대화를 위한 목표 **판매량을 추정**하고, 마케팅 전략을 수립함
경영 의사결정	1. 제품모델 번호 – 판매하고자 하는 제품의 모델을 결정함 2. 판매 가격 – 영업본부별 제품의 소비자 가격을 결정함 3. 공장 발주량 – 영업본부별 필요한 물량을 공장에 주문함 4. 광고 및 촉진 – 영업본부별 유통매장 수, 광고비, 매장당 판촉비를 결정함
경영 미션	1. 마케팅계획 수립 – 영업본부별 목표판매량을 추정하고 마케팅 믹스 계획을 수립함 2. 수익성 분석 – 영업본부별 매출 및 원가를 분석하여 수익성을 분석함

© 2014 B2L Soft All Right Reserved

1.3. 경영진 구성 – COO의 역할

➤ Business Simulation에서 COO의 역할은 다음과 같음

주요 역할	1. 생산 운영 활동을 총괄함 2. 생산 수요, 생산 능력 및 생산원가를 고려하여 **생산 계획**을 수립함 3. 중장기 관점에서 **생산 시설의 축소, 확장** 등을 결정해야 함
경영 의사결정	1. 생산 라인 결정 – 가동하는 생산 라인 수와 작업 시간을 결정함 2. 생산 Capa 조정 – 생산라인과 공장 등 생산 시설의 축소 및 확장을 결정함 3. 품질 관리 – 제품의 품질 등급 관리를 위한 품질개선비용을 결정함
경영 미션	1. 생산계획 수립 – CMO의 발주량과 생산능력을 고려해 생산계획 수립 및 원가 분석 2. Risk 분석 – 경영 활동과 관련된 모든 Risk 요인들을 찾아내고 관리함

© 2014 B2L Soft All Right Reserved

1.3. 경영진 구성 – CHO의 역할

➤ Business Simulation에서 CHO의 역할은 다음과 같음

주요 역할	1. 인적자원의 운영 및 관리책임을 총괄함 2. 기업경영에 필요한 **인적자원의 운영 계획**을 수립함 3. 인적자원의 채용, 보상체계, 교육훈련을 관리해야 함
경영 의사결정	1. 직원 채용 – 마케팅 부서와의 협의를 통해 영업직원의 채용 및 해고를 결정함 2. 임금 수준 결정 – 영업 및 생산의 기본급과 장려금을 결정함 3. 교육 훈련 – 직원의 역량 강화를 위해 영업 및 생산의 교육 훈련비용을 결정함
경영 미션	1. HR계획 수립 – 영업직원 수와 판매량을 예측하고, 인당 판매량을 분석함 2. BSC 분석 – 균형성과지표를 도출하여 기업 가치의 선 순환 구조를 관리함

© 2014 B2L Soft All Right Reserved

1.3. 경영진 구성 – CFO의 역할
1. 시나리오 및 경영환경

➤ Business Simulation에서 CFO의 역할은 다음과 같음

주요 역할	1. 기업의 재무활동을 총괄함 2. 기업가치를 높이기 위해 필요한 **자금**을 **조달**하고 운용함 3. 기업 경영에 필요한 **손익**과 **현금흐름**을 **관리**하여 건전한 재무상태를 유지함
경영 의사결정	1. 자금조달 – 자금조달을 위해 필요한 대출, 회사채, 주식발행 등을 결정함 2. 투자 – 회사의 여유자금에 대한 양도성예금증서나 펀드 투자 규모를 결정함 3. 배당 – 주가관리를 위해 순이익의 배당 규모를 결정함
경영 미션	1. 손익추정 분석 – 경영목표 및 기능별 계획에 따른 손익을 추정하고 관리함 2. ROE 분석 – 투하 자본에 대한 수익성을 추정하고 관리함

© 2014 B2L Soft All Right Reserved

2.1. 경영보고서의 구성
2. 경영보고서

➤ 경영진으로서 신규 인수한 기업을 경영하기 위해서는 경영보고서를 분석해서 경영 현황을 파악해야 함
➤ 경영보고서는 **경제동향 보고서, 산업동향 보고서, 경영성과 보고서, 연도별 의사결정 및 성과 보고서**로 구성됨

A. 경제동향 보고서	B. 산업동향 보고서
•한국, 미국, 중국 시장의 경제동향에 관한 정보를 제공함	•산업 내 경쟁 기업들의 경영 성과와 경영 자원에 대한 정보를 제공함

C. 경영성과 보고서	D. 연도별 의사결정 및 성과 보고서
•자사의 경영 성과 및 경영 자원에 관한 정보를 제공함	•지난 3년간의 경영 의사결정과 경영 성과에 관한 정보를 제공함

별첨: 경영보고서 참고

© 2014 B2L Soft All Right Reserved

2.1. 경영보고서의 구성 - A. 경제동향 보고서   2. 경영보고서

➤ 한국, 미국, 중국 시장의 경제동향에 관한 정보를 제공함

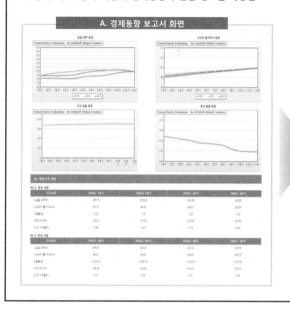

A. 경제동향 보고서 화면

| 주요 내용 |

A1. 경제 지표 현황

1. 실질 GDP (한국, 미국, 중국)
2. 소비자물가지수 (한국, 미국, 중국)
3. 환율 (미국, 중국)
4. 주가지수 (한국)
5. CD 이자율 (한국)

A2. 경제 지표 예측

1. 실질 GDP 예측치
2. 소비자물가지수 예측치
3. 환율 예측치

A3. 신용등급별 이자율

1. 회사채(장기)
2. 은행대출(단기)

© 2014 B2L Soft All Right Reserved

2.1. 경영보고서의 구성 - B. 산업동향 보고서   2. 경영보고서

➤ 산업 내 경쟁 기업들의 경영 성과와 경영 현황에 대한 정보를 제공함

B. 산업동향 보고서 화면

| 주요 내용 |

B1. 기업별 경영성과와 투자활동
1. 주요 경영성과
2. 주요 투자활동

B2. 기업별 마케팅 성과와 현황
1. 판매량, 재고량, 가격
2. 유통매장 수, 제품 모델 등

B3. 기업별 생산 성과와 현황
1. 생산라인 수, 생산량
2. 제조원가, 생산라인 조정 현황 등

B4. 기업별 HR성과와 현황
1. 영업직원 수
2. 영업직원 기본급 추정액 등

B5. 기업별 재무 성과와 현황
1. 주요 재무지표
2. 주요 재무비율

© 2014 B2L Soft All Right Reserved

2.1. 경영보고서의 구성 - C. 경영성과 보고서

2. 경영보고서

➢ 여러분이 경영하는 회사의 경영 성과 및 경영 자원에 관한 정보를 제공함

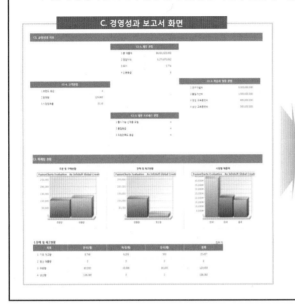

| C. 경영성과 보고서 화면 | 주요 내용 |

C1. 균형성과지표
  1. 학습과 성장, 내부프로세스 관점
  2. 고객, 재무 관점

C2. 마케팅 현황
  1. 판매 및 재고 현황

C3. 생산 현황
  1. 제조원가 구성요소
  2. 생산라인 현황 등
  3. 물류비, 재료비 등

C4. HR 현황
  1. 영업직원 현황
  2. 직원만족도 등급

C5. 재무 현황
  1. 손익계산서
  2. 현금흐름표
  3. 재무상태표

© 2014 B2L Soft All Right Reserved

2.1. 경영보고서의 구성 - D. 연도별 의사결정 및 성과 보고서

2. 경영보고서

➢ 지난 3년간의 경영 의사결정과 경영 성과에 관한 정보를 제공함

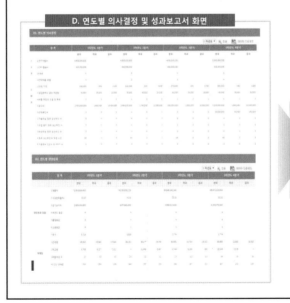

| D. 연도별 의사결정 및 성과보고서 화면 | 주요 내용 |

D1. 연도별 의사결정
  1. CEO 의사결정
  2. CMO 의사결정
  3. COO 의사결정
  4. CHO 의사결정
  5. CFO 의사결정

D2. 연도별 경영성과
  1. 경영성과 종합
  2. CMO 경영성과
  3. COO 경영성과
  4. CHO 경영성과
  5. CFO 경영성과

© 2014 B2L Soft All Right Reserved

3.1. 경영미션 개요

3. 경영미션

> 기업 경영을 합리적, 체계적으로 수행하기 위해서 경영 미션을 수행해야 함
> 경영 미션은 경영 프로세스의 Black Box를 White Box로 변환시켜서 수정 및 보정하는 도구임

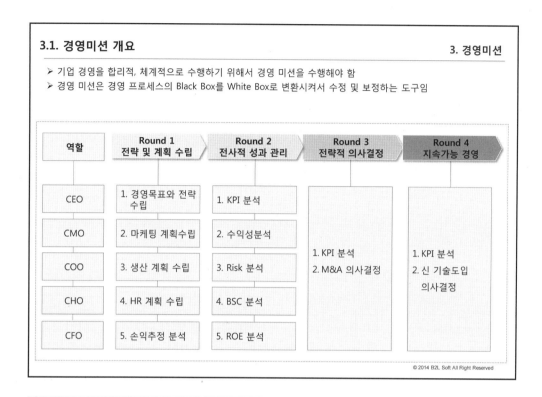

© 2014 B2L Soft All Right Reserved

3.2. 경영미션 수행 방법 – Excel 분석도구 활용

3. 경영미션

> 경영미션을 수행하기 위해서 Excel 기반의 분석도구를 활용해야 함

Excel 분석도구 다운 방법

Excel 분석도구의 구조

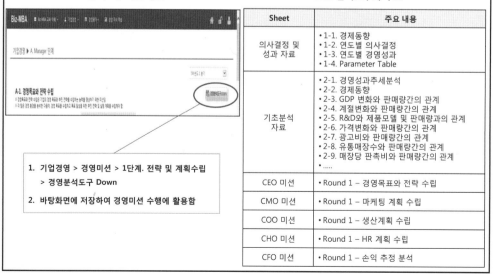

Sheet	주요 내용
의사결정 및 성과 자료	• 1-1. 경제동향 • 1-2. 연도별 의사결정 • 1-3. 연도별 경영성과 • 1-4. Parameter Table
기초분석 자료	• 2-1. 경영성과추세분석 • 2-2. 경제동향 • 2-3. GDP 변화와 판매량간의 관계 • 2-4. 계절변화와 판매량간의 관계 • 2-5. R&D와 제품모델 및 판매량과의 관계 • 2-6. 가격변화와 판매량간의 관계 • 2-7. 광고비와 판매량간의 관계 • 2-8. 유통매장수와 판매량간의 관계 • 2-9. 매장당 판촉비와 판매량간의 관계 • .....
CEO 미션	• Round 1 – 경영목표와 전략 수립
CMO 미션	• Round 1 – 마케팅 계획 수립
COO 미션	• Round 1 – 생산계획 수립
CHO 미션	• Round 1 – HR 계획 수립
CFO 미션	• Round 1 – 손익 추정 분석

1. **기업경영 > 경영미션 > 1단계. 전략 및 계획수립 > 경영분석도구 Down**
2. **바탕화면에 저장하여 경영미션 수행에 활용함**

3.2. 경영미션 수행 방법 – 입력 및 제출

> Excel 분석도구를 활용하여 각 분기별로 지정된 미션을 수행한 후 Biz Champion사이트에 직접 입력함

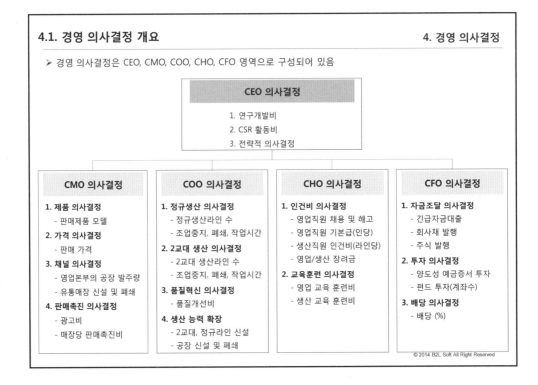

4.1. 경영 의사결정 개요

> 경영 의사결정은 CEO, CMO, COO, CHO, CFO 영역으로 구성되어 있음

CEO 의사결정

1. 연구개발비
2. CSR 활동비
3. 전략적 의사결정

CMO 의사결정

1. 제품 의사결정
   - 판매제품 모델
2. 가격 의사결정
   - 판매 가격
3. 채널 의사결정
   - 영업본부의 공장 발주량
   - 유통매장 신설 및 폐쇄
4. 판매촉진 의사결정
   - 광고비
   - 매장당 판매촉진비

COO 의사결정

1. 정규생산 의사결정
   - 정규생산라인 수
   - 조업중지, 폐쇄, 작업시간
2. 2교대 생산 의사결정
   - 2교대 생산라인 수
   - 조업중지, 폐쇄, 작업시간
3. 품질혁신 의사결정
   - 품질개선비
4. 생산 능력 확장
   - 2교대, 정규라인 신설
   - 공장 신설 및 폐쇄

CHO 의사결정

1. 인건비 의사결정
   - 영업직원 채용 및 해고
   - 영업직원 기본급(인당)
   - 생산직원 인건비(라인당)
   - 영업/생산 장려금
2. 교육훈련 의사결정
   - 영업 교육 훈련비
   - 생산 교육 훈련비

CFO 의사결정

1. 자금조달 의사결정
   - 긴급자금대출
   - 회사채 발행
   - 주식 발행
2. 투자 의사결정
   - 양도성 예금증서 투자
   - 펀드 투자(계좌수)
3. 배당 의사결정
   - 배당 (%)

© 2014 B2L Soft All Right Reserved

4.2. CEO 의사결정

➢ CEO는 연구개발과 CSR활동 및 전략적 의사결정을 수행해야 함

의사결정 항목	주요 내용	단위	최소값-최대값	3차년 4분기
1. 연구개발비	• 신제품 개발을 위해서 한국 본사의 연구 개발 부서에 투자하는 비용 • 매 분기 투입되는 연구개발비와 누적 연구개발비에 의해서 신제품이 개발됨	원	1- 무한	5,000,000,000
2. CSR 활동비	• 외부의 이해당사자들(고객, 협력사 등)과 상생을 위한 사회공헌 비용 • CSR 활동비가 투입되면 브랜드 등급이 높아져 판매량이 증가하고. 주가가 상승됨	원	1- 무한	500,000,000
3. 생산기술 기업 M&A	• 생산원가 절감 기술을 가진 벤처기업을 M&A 하기 위해 투자하는 비용 • 최고 입찰금액을 제안한 기업이 우선권이 있으며 동점일 경우 전 분기 주가가 높은 팀이 성공함 • 최소 입찰가는 50억이며 성공할 경우 생산원가의 10%를 절감할 수 있으나 실패할 경우 입찰가의 50%는 회수 불가능	원	5,000,000,000 - 무한	-
4. 제품 개발 신기술 도입	• 신제품 개발을 가속화할 수 있는 기술을 도입하는 데 투자하는 비용 • 가격과 도입효과가 서로 다른 2개의 기술을 비교해서 1개의 기술을 도입해야 함 • 기술을 도입할 경우 최소 0에서 최대 2번 모델까지 추가 상승이 가능함	원	참여 안함 - 4,000,000,000 - 14,000,000,000	-
5. 유통채널 확장	• 새로운 유통채널의 입점권에 대한 입찰에 참여하는 비용 • 최고 입찰금액을 제안한 기업이 우선권이 있으며 동점일 경우 전 분기 주가가 높은 팀이 성공함 • 최소 입찰가는 60억이며 성공할 경우 약 10%정도의 판매량 상승 효과를. 기대할 수 있으나 실패할 경우 입찰가의 50%는 회수 불가능	원	참여 안함 - 6,000,000,000 - 무한	-

4.3. CMO 의사결정

➢ CMO는 3개 영업본부의 특성을 고려하여 마케팅 믹스 관점에서 경영 의사결정을 수행해야 함

의사결정 항목	주요 내용	단위	최소값-최대값	3차년 4분기
1. 판매제품 모델	• 소비자에게 판매하기 위해서 생산하는 제품의 모델 번호를 의미함 • 제품 모델 번호가 높으면 고객들의 선호도가 높아지게 되고, 판매량이 늘어남 • 판매 제품 번호가 하나 이상 올라가면 구 제품의 재고는 300,000원으로 전량 정산 매출 처리됨	번호	현분기 모델번호 - 신제품 모델 가능 번호	4
2. 판매 가격	• 각 영업 본부에서 소비자에게 판매하는 소비자 가격을 의미함 • 판매 가격이 낮으면 판매량이 증가하고, 가격이 높으면 판매량이 감소함	원 달러 위안	전분기 가격의 80% - 120%	한국 680,000 미국 640 중국 3,800
3. 영업본부의 공장 발주량	• 각 영업 본부에서 공장에 생산을 요청하는 수량을 의미함 • 경영 초기 영업 본부는 한국, 미국, 중국 세 곳에 있으며, 공장은 한국에 하나뿐이기 때문에, 각 영업 본부의 공장 발주량은 한국 공장에 주문한 양을 의미함	개	0 - 무한	한국 60,000 미국 30,000 중국 30,000
4. 유통매장의 신설(+) 및 폐쇄(-)	• 한국, 미국, 중국의 영업 본부에서 제품을 판매하는 유통 매장의 수를 신설(+) 하거나 폐쇄(-)하는 것을 의미함 • 유통 매장은 현재 한국, 미국, 중국에 각각 30개, 15개, 15개를 확보하고 있음	개	(신설) 0-무한 (폐쇄) 0-보유중인 유통매장 수	한국 5 미국 2 중국 3
5. 광고비	• 각 영업 본부에서 제품 판매를 촉진하기 위해 사용하는 광고비를 의미함 • 광고비 지출이 많으면 판매량이 증가하고 낮으면 판매량이 감소함	원 달러 위안	1- 무한	한국 3,200,000,000 미국 1,900,000 중국 12,000,000
6. 매장당 판매촉진비	• 각 영업본부의 유통매장별로 판매 촉진을 위해 사용하는 비용을 의미함 • 매장당 판촉비를 투입하면 판매량이 증가하고 낮으면 판매량이 감소함	원 달러 위안	1-무한	한국 40,000,000 미국 40,000 중국 150,000

4.4. COO 의사결정

➢ COO는 CMO와의 커뮤니케이션을 통해 생산 운영에 관련된 경영 의사결정을 수행해야 함

의사결정 항목	주요 내용	단위	최소값-최대값	3차년 4분기
1. 가동하는 정규 생산라인 수	• 주간에 제품을 생산하는 생산 라인 수를 의미함 • 현재 한국 공장에서 보유하고 있는 정규 생산라인 수는 6개이며, 40시간의 생산 시간을 기준으로 라인당 20,000개임 • 실제 생산량은 생산라인의 종류, 작업시간, 생산수율 (계절요인, 교육 훈련비,모델번호) 등에 따라서 달라짐	개	1 - 보유한 최대 정규 라인 수	6
2. 조업 중지 정규 생산라인 수	• 한 분기 동안 일시적으로 생산을 중지하는 정규 생산라인 수를 의미함 • 정규 생산라인을 조업중지 할 때는 정규 생산라인 노무비의 60%를 지불하며, 생산 인력은 유급휴가를 줌	개	0 - (보유한 최대 정규 라인 수-1)	0
3. 폐쇄하는 정규 생산라인 수	• 영구적으로 생산라인을 폐쇄하는 정규 생산라인 수를 의미함. • 정규 생산라인을 폐쇄하면 생산 설비가 장부가의 30%에 매각됨에 따라 70%의 매각 손실이 발생함 • 정규 생산라인의 생산인력은 지난 분기의 노무비에 해당하는 퇴직금을 지불하고 해고하게 됨	개	0 - (보유한 최대 정규 라인 수-1)	0
4. 정규 생산라인의 작업시간	• 정규 생산라인에서의 주당 작업 시간을 의미함. • 입력 단위는 40, 44, 48 시간 중 선택 (라인당 40시간 20,000개, 44시간 20,800개, 48시간 21,600개 생산)	시간	40, 44, 48	48

© 2014 B2L Soft All Right Reserved

4.4. COO 의사결정

의사결정 항목	주요 내용	단위	최소값-최대값	3차년 4분기
5. 가동하는 2교대 생산 라인 수	• 보유중인 정규생산 라인을 활용해 야간에 제품을 생산하는 생산라인 수를 의미함 • 2교대 생산라인 생산량은 정규 생산라인처럼 작업 시간, 모델 번호, 교육 훈련비, 계절적 요인, 공장에 따라서 달라짐	개	0 - 보유한 최대 2교대 생산 라인 수	0
6. 조업 중지하는 2교대 생산 라인 수	• 한 분기 동안 임시적으로 생산을 중지하는 2교대 생산라인 수를 의미함 • 2교대 생산라인 노무비의 60%를 지불하고, 생산 인력은 유급휴가를 줌으로써 일시적으로 생산량을 감축하는 방법임	개	0 - 보유한 최대 2교대 생산 라인 수	0
7. 폐쇄하는 2교대 생산 라인 수	• 영구적으로 폐쇄하는 2교대 생산라인 수를 의미함. • 2교대 생산라인의 폐쇄는 정규 생산라인의 폐쇄와는 달리 2교대 생산 인력 만을 해고하는 것으로서, 지난 분기의 노무비에 해당하는 퇴직금을 지불하고 해고하게 됨	개	0 - 보유한 최대 2교대 생산 라인 수	0
8. 2교대 생산 라인 작업 시간	• 2 교대 생산라인의 주당 작업 시간을 의미함 • 입력 단위는 40, 44, 48 시간 중 선택 (라인당 40시간 19,000개, 44시간 19,760개, 48시간 20,520개 생산)	시간	40, 44, 48	0

© 2014 B2L Soft All Right Reserved

4.4. COO 의사결정

의사결정 항목	주요 내용	단위	최소값-최대값	3차년 4분기
9. 품질개선비	• 생산성 및 품질을 향상하기 위해서 투자하는 비용을 총칭함 • 품질 개선비용이 높을수록 생산성이 높아지고, 품질 등급이 향상됨	원	0 - 무한	1,500,000,000
10. 2교대 생산라인 신설(1분기 소요)	• 생산량 확대를 위해 신설하는 2교대 생산라인의 수를 의미함. • 신설에는 1분기가 소요되며, 생산 시설 비용이 필요 없고, 생산인력의 교육훈련비만 필요함	개	0 - (최대 정규 라인 수 -보유 중 2교대 라인 수)	0
11. 정규 라인 신설 (2분기 소요)	• 생산량 확대를 위해 신설하는 정규 생산라인 수를 의미함. • 신설에는 2분기가 소요되며, 신설 비용은 2분기에 걸쳐서 지출, 20분기에 정액법으로 매 분기 감가상각됨	개	0 - (8-보유 중인 정규 라인 수)	0
12. 공장의 신설 (3분기 소요) 및 폐쇄	• 미국, 중국에 공장을 신설하거나 폐쇄하는 것을 의미함 • 공장의 건설은 한 국가에 하나만 건설할 수 있으며, 공장 당 8개의 정규 생산라인을 설치할 수 있음 • 공장 건설에는 3분기가 소요되며, 건설 비용은 3분기에 걸쳐 균등하게 지출, 25분기에 걸쳐서 정액법으로 감가상각됨 • 공장이 폐쇄되면 공장은 장부가의 90%로 매각됨으로써 10%의 매각손실이 발생함. 동시에 정규 생산라인 설비가 장부가의 30%로 매각됨으로써 70%의 매각손실이 발생하고, 정규 및 2교대 생산라인의 생산인력이 해고됨으로써 지난 분기의 노무비가 퇴직금으로 지급됨	1/0	0=신설 안함 1=신설	0

© 2014 B2L Soft All Right Reserved

4.4. COO 의사결정 – 생산능력 조정 방법

< 생산 능력 확충 방법 >

1 단계
• 작업 시간의 연장
• 40, 44, 48 시간 선택

• 현 분기 조정 가능

2 단계
• 2교대 생산라인 신설
• 최대 6개 까지

• Lead Time - 1분기
• 선 2교대 신설 후 가동

3 단계
• 정규 생산 라인 신설
• 최대 2개 까지

• Lead Time - 2분기
• 선 정규 신설 후 가동

4 단계
• 공장 신설
• 중국, 미국에 가능

• Lead Time - 3분기
• 선 공장 신설 후 정규라인 신설

< 생산 능력 감축 방법 >

1 단계
• 작업 시간의 단축
• 40, 44, 48 시간 선택

2 단계
• 생산 라인 조업 중지
• 최대 6개, 1분기 후 자동 복귀
• 조업 중지 비용 발생

3 단계
• 생산 라인 폐쇄
• 최대 6개, 설비 매각

• 특별 손실 발생

4 단계
• 공장 폐쇄
• 한국 공장은 불가

• 특별 손실 발생

© 2014 B2L Soft All Right Reserved

4.5. CHO 의사결정   4. 경영 의사결정

➢ CHO는 인적자원의 관리 및 역량 강화 관점에서 경영 의사결정을 수행해야 함

의사결정 항목	주요 내용	단위	최소값-최대값	3차년 4분기
1. 영업직원 채용(+) 및 해고(-)	• 영업 본부에서 적정 수준의 영업력을 유지하기 위해서 영업직원을 채용하거나 해고하는 수를 의미함 (-는 해고) • 채용된 직원은 1분기 동안 훈련과정을 거친 후 영업활동이 가능함 • 영업직원은 자연적으로 퇴직하기도 하며, 임금 수준 (기본급 및 영업/생산 장려금)이 낮으면 퇴직율이 더욱 높아지게 됨	명	(해고) 0 - 보유중인 영업사원 수 (채용) 0 - 무한	한국 35 미국 17 중국 22
2. 영업직원 기본급 (인당)	• 영업 본부의 영업직원 1인에게 지불하는 분기별 기본급을 의미함 • 영업직원 기본급(인당)은 영업직원의 판매활동에 영향을 미침	원 달러 위안	1 - 무한	한국 4,000,000 미국 5,000 중국 20,000
3. 생산직원 인건비 (라인당)	• 생산 라인당 생산 인력의 인건비를 의미함 • 생산직원 인건비는 생산성에 영향을 미침	원 달러 위안	(한국) 1,800,000,000-3,000,000,000	2,000,000,000
4. 영업/생산 장려금	• 한국 본사에서 일괄 지급하는 특별인센티브를 의미함 • 영업/생산 장려금은 총액으로 입력해야 하며, 직원만족도 등급에 영향을 미침	원	1 - 무한	1,500,000,000
5. 영업 교육훈련비	• 영업활동의 생산성을 높이기 위해 투입되는 교육훈련비를 의미함 • 교육훈련비는 직원만족도 등급에 영향을 미침	원 달러 위안	1 - 무한	800,000,000
6. 생산 교육훈련비	• 생산라인의 생산성을 높이기 위해 투입되는 교육훈련비를 의미함 • 교육훈련비는 직원만족도 등급에 영향을 미침	원 달러 위안	1 - 무한	500,000,000

© 2014 B2L Soft All Right Reserved

4.6. CFO 의사결정   4. 경영 의사결정

➢ CFO는 자금조달, 투자, 배당 관점에서 경영 의사결정을 수행해야 함

의사결정 항목	주요 내용	단위	최소값-최대값	3차년 4분기
1. 긴급자금대출	• 자금을 조달하기 위해서 한 분기 동안 은행에서 차입하는 자금을 의미함 • 매출발생 시 당 분기 매출액의 60%만 현금으로 들어오고, 다음 분기에 40%가 입금되기 때문에 부족분을 은행 대출로 확보해야 함 • 만약에 운영 자금이 부족할 때는 시스템에서 긴급자금 대출로 자동 처리하면서 신용 등급 7로 강등시킴 • 분기 말에 이자를 지불하며, 다음 분기 초에 자동으로 상환되므로 별도의 상환 입력이 필요 없음	원	0 - 지난 분기 유동 자산의 60%이내	0
2. 회사채 발행	• 4분기 동안 사용하기 위해서 발행하는 회사채 금액을 의미함. • 전 분기 총 자산의 50% 까지 발행할 수 있으며, 4 분기 후 전액 자동 상환되고 중도 상환할 수 없음	원	0 - 지난 분기 총 자산의 50%이내	0
3. 주식발행 ㈜	• 자금을 조달하기 위해서 발행하는 주식의 수를 의미함. 현재 주가가 액면가 (5,000원) 이하일 때는 발행이 불가능함 • 주식을 발행해서 조달한 자금은 분기 초에 유입되어서 유동자금으로 활용할 수 있음 • 3차년도 4분기 현재 발행 주식수는 5,000,000주임	주식 수	0 - 지난 분기 주식수의 10% 이내	0

© 2014 B2L Soft All Right Reserved

4.6. CFO 의사결정　　　　　　　　　　　　　　　　　　　4. 경영 의사결정

의사결정 항목	주요 내용	단위	최소값-최대값	3차년 4분기
4. 양도성 예금증서 투자	• 여유 자금을 1분기 동안 양도성 예금 증서(Certificate of Deposit)에 투자한 금액을 의미함 • 분기 초에 투자한 금액은 분기 말에 이자를 받고, 다음 분기 초에 만기가 되어서 원금을 자동으로 상환 받게 됨	원	0 - 전분기 기말 현금 이내	5,000,000,000
5. 펀드 투자 (계좌수)	• 여유 자금을 주가 지수에 연동되는 펀드에 투자하는 금액으로서, 계좌 수를 의미함 • 계좌당 액면가가 100원으로서, 지난 분기 주가지수를 곱해서 계산됨. 예를 들면, 지난 분기 주가 지수가 105이고 1,000,000계좌를 투자하면 총 105,000,000원이 투자되며, 기초에 유출됨 • 회수하고자 할 때는 (-)부호로 계좌수를 입력하면 되고, 회수된 펀드 투자 금액은 원금과 투자 수익(혹은 손실)과 함께 분기 초에 유입됨 • 주식 투자의 수익률은 주가지수에 100% 영향을 받음	계좌	0 - 투자계좌 * 100이 기말현금을 넘을 수 없음	10,000,000
6. 배당 (%)	• 순이익에서 주주에게 배당하는 비율을 의미함. • 배당 비율은 0에서 100%까지로 0은 배당을 하지 않는 것이고, 100%는 당기 순이익을 주주에게 전액 배당하는 것임	%	0 - 100	3

© 2014 B2L Soft All Right Reserved

4.7. 경영 의사결정 수행방법　　　　　　　　　　　　　　4. 경영 의사결정

➤ 각 역할별로 의사결정을 수행하고 CEO의 최종 결재를 거쳐 완료함

경영 의사결정 시스템 화면

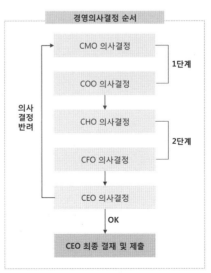

경영의사결정 순서

© 2014 B2L Soft All Right Reserved

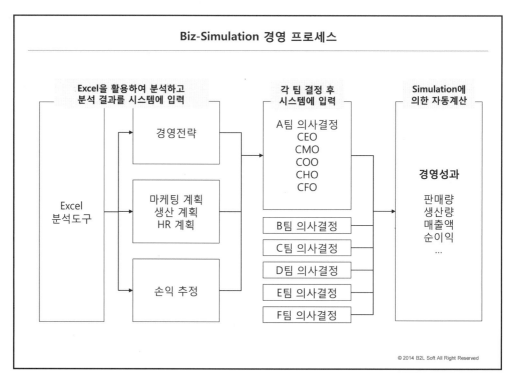

목차

I. 오리엔테이션

II. Biz. Simulation

Round 1 - 좋은 전략가가 되자

III. 종합평가

© 2014 B2L Soft All Right Reserved

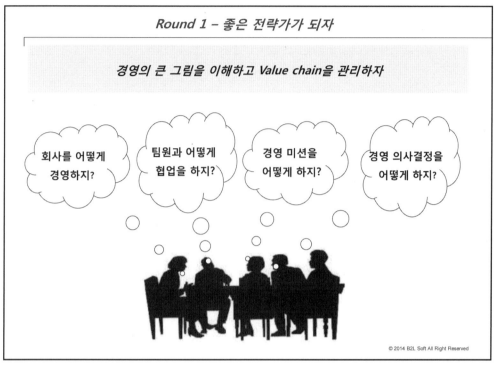

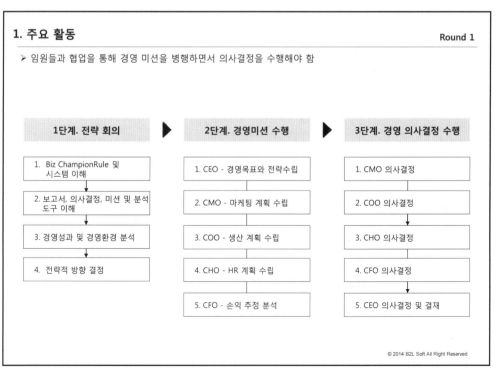

2. 전략회의   Round 1

> 경영성과보고서(1~3차년도) 출력물과 시뮬레이션시스템 내의 경영보고서 메뉴를 참고하여 인수 기업의 현황과 산업의 특성을 분석한 다음, 기업의 전략적 방향과 목표를 결정함

경영성과 분석	경영 환경 분석
• 출력된 경영보고서를 참고하여 자사의 과거 경영 성과를 분석함	• 시뮬레이션 시스템의 경제동향 보고서를 참고하여 각 영업본부의 경제환경 변화와 동향을 분석함

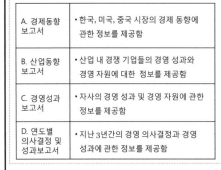

A. 경제동향 보고서	• 한국, 미국, 중국 시장의 경제 동향에 관한 정보를 제공함
B. 산업동향 보고서	• 산업 내 경쟁 기업들의 경영 성과와 경영 자원에 대한 정보를 제공함
C. 경영성과 보고서	• 자사의 경영 성과 및 경영 자원에 관한 정보를 제공함
D. 연도별 의사결정 및 성과보고서	• 지난 3년간의 경영 의사결정과 경영 성과에 관한 정보를 제공함

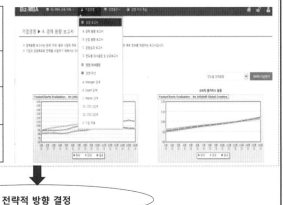

⬇

전략적 방향 결정

© 2014 B2L Soft All Right Reserved

3. 경영미션 수행   Round 1

> Round 1에서 각 기능별로 부여된 경영미션을 수행하여 제출하고, 경영 의사결정에 참고해야 함

역할	미션	주요 점검 Point	제출 방법
CEO	경영목표와 전략 수립	• 목표와 전략은 명확하고 타당한가? • 목표와 전략은 체계적으로 연계되어 있는가?	**1. 제출 위치** 시뮬레이션시스템 접속 -> 기업 경영 메뉴 -> 경영미션 메뉴 -> 1단계. 전략 및 계획수립 **2. 제출 방법** 미션 내용 입력 ->제출하기 버튼 클릭
CMO	마케팅 계획 수립	• 시장 수요는 얼마인가? • 판매 목표량은 몇 개인가? 왜? • 수요 예측 방법은 타당한가?	
COO	생산계획 수립	• 생산 계획은 잘 수립하였습니까? • 마케팅 부서와의 협업은 원활한가? • 생산원가는 얼마인가?	
CHO	HR 계획 수립	• 적정 영업직원 수는 몇 명인가? • 인당 판매량은 몇 개인가?	
CFO	손익 추정 분석	• 예상 손익은 얼마인가? • 손익에 맞추어서 경영 목표와 전략을 수정하였는가?	

© 2014 B2L Soft All Right Reserved

3. 경영미션 수행 – (1) 경영목표와 전략 수립 (CEO 미션) Round 1

Round 1. 경영목표와 전략 수립

1. 경영목표
1.
2.
3.
4.
5.

2. 추진전략 #1
1.
2.
3.
4.
5.

2. 추진전략 #2
1.
2.
3.
4.
5.

2. 추진전략 #3
1.
2.
3.
4.
5.

3. 실행계획 #1
1.
2.
3.
4.
5.

3. 실행계획 #2
1.
2.
3.
4.
5.

3. 실행계획 #3
1.
2.
3.
4.
5.

목적	• 기업 경영을 위한 경영목표와 추진 전략 수립 능력을 향상하기 위함
작성 방법	**1. 경영목표** • Round 1에서 달성하고자 하는 목표를 객관적이고 구체적인 수치로 표현함 • 예) 매출액 800억, 순이익10억 **2. 추진전략** • 목표를 달성하기 위한 구체적인 추진 전략을 기능별 또는 영업 본부별로 수립함 **3. 실행계획** • 추진전략에 대한 구체적 실행 계획을 수립함 • What, How 관점에서 구체적이고 명확하게 수립해야 함
제출 방법	• 기업경영 > 경영미션 > 1단계. 전략 및 계획수립 > 경영목표와 전략 수립 미션에 작성 > 제출하기

© 2014 B2L Soft All Right Reserved

3. 경영미션 수행 – (2) 마케팅계획 수립 (CMO 미션) Round 1

Round 1. 마케팅 계획 수립   파란색만 입력하세요

	예상 판매량 계산	한국	미국	중국
	I. 지난 분기의 실제 판매량 (C. 경영성과보고서 참고)	66,680	32,580	30,500
외부환경	1. GDP 변화에 따른 판매량의 증감량			
	2. 계절적 변화에 따른 판매량의 증감량			
자사의사결정	3-1. 판매유형 변화에 따른 판매 증감량			
	3-2. 가격 변화에 따른 판매 증감량			
	3-3. 유통매장수 변화에 따른 판매 증감량			
	3-4. 광고비 변화에 따른 판매 증감량			
	3-5. 매장별 판매촉진비 변화에 따른 판매 증감량			
	3-6. 영업직원수 변화에 따른 판매 증감량			
	3-7. 영업직원 기본급 변화에 따른 판매 증감량			
	3-8. 영업/생산장려금 변화에 따른 판매 증감량			
	3-9. 영업인 교육훈련비 변화에 따른 판매 증감량			
	3-10. 브랜드 등급 변화에 따른 판매 증감량			
	3-11. 품질등급 변화에 따른 판매 증감량			
	3-12. 직원만족도 등급 변화에 따른 판매 증감량			
	3. 자사 마케팅믹스 변화에 따른 판매량의 증감량	0	0	0
경쟁사	4. 경쟁사 마케팅믹스 변화에 따른 판매 증감량			
	II. 현 분기 예상 판매 증감량 (1+2+3+4)	0	0	0
Output	영업본부별 예상 판매량	66,680	32,580	30,500
Input	III. 판매 가격 (CMO 의사결정)	680,000	640	3,800
Input	IV. 환율 (A. 경제동향보고서 참고)	1	1,107	173
Output	영업본부별 예상 매출액	45,342,400,000	23,082,278,400	20,050,700,000

목적	• 판매량에 영향을 주는 요인들을 분석하여 정확한 수요예측 능력을 향상하기 위함
작성 방법	**1. 지난 분기 판매량 분석** • 전 분기 한국, 미국, 중국 영업 본부의 판매량을 분석함 **2. 현 분기 판매 증감량 분석** • 판매량에 영향을 미치는 GDP, 계절요인을 분석함 • 자사 마케팅 믹스 전략에 따른 판매 증감량의 변화를 추정함 • Excel 분석도구의 기초분석 자료를 활용하여 판매량 영향 요인과 판매량의 관계를 분석함 **3. 목표 판매량 예측** • 전 분기 판매량과 현 분기의 판매 증감량 추정치를 더해 현분기의 목표 판매량 및 매출액을 도출함
제출 방법	• 기업경영 > 경영미션 > 1단계. 전략 및 계획수립 > 마케팅 계획 미션에 작성 > 제출하기

© 2014 B2L Soft All Right Reserved

3. 경영미션 수행 – (3) 생산계획 수립 (COO 미션)

Round 1

Round 1. 생산 계획 수립		파란색만 입력하세요			
방법		**생산계획 주요지표**	**한국**	**미국**	**중국**
의사 결정	CMO	1. 기초 재고량 (C 경영성과보고서 참고)	8,759	6,208	500
		2. 영업본부의 공장 발주량 (=영업본부->공장)	60,000	30,000	30,000
		3. 영업본부 목표 판매량 (마케팅 계획 미션 참고)	66,680	32,680	30,500
추정	COO	1. 가동하는 정규 생산라인 수	4		
		2. 정규생산라인 작업 시간	40		
		3. 가동하는 2교대 생산라인 수	-		
		4. 2교대 생산라인의 작업 시간	-		
		5. 모델 변화에 따른 생산증감량	0		
		6. 계절적 변화에 따른 생산증감량	-1,000		
		7. 생산라인 인건비(라인당) 변화에 따른 생산증감량	3,000		
		8. 품질개선비 변화에 따른 생산증감량	3,000		
		9. 교육훈련비 변화에 따른 생산증감량	1,480		
자동계산		정규생산라인 표준 생산량	80,000		
		2교대 생산라인 표준 생산량	0		
		공장의 생산량	86,480		
		영업본부 입고량 (=공장->영업본부)	43,240	21,620	21,620
		영업본부 판매 가능량 (=기초재고+입고량)	51,999	27,828	22,120
		영업본부 기말 재고량 (=판매가능량-판매량)	-14,681	-4,852	-8,380

목적	• 재고량, 공장 발주량, 생산량, 판매량의 관계를 분석해서 생산 계획 수립 능력을 향상하기 위함
작성 방법	**1. 영업본부 현황 분석** • 한국, 미국, 중국 영업본부의 기초 재고량과 공장 발주량을 분석함 **2. 생산량 계산** • 생산계획에 따른 예상 생산량을 계산함 • 공장 발주량과 생산량의 비율에 따른 영업본부 입고량을 계산함(자동계산) **3. 영업본부 기말재고량 분석** • 기초재고량과 영업본부 입고량을 더해 판매가능량을 계산함(자동계산) • CMO가 예측한 예상판매량을 판매가능량에서 차감하여 영업본부별 기말 재고량을 계산함
제출 방법	• 기업경영 > 경영미션 > 1단계. 전략 및 계획수립 > 생산계획 수립 미션에 작성 > 제출하기

© 2014 B2L Soft All Right Reserved

3. 경영미션 수행 – (4) HR계획 수립 (CHO 미션)

Round 1

Round 1. HR 계획 수립		파란색만 입력하세요			
방법		**주요 의사결정**	**한국**	**미국**	**중국**
의사결정		1. 영업직원 채용(+) 및 해고(-)	30	17	22
		2. 영업직원 기본급(1인당)	4,000,000	4,000	20,000
		3. 생산직원 인건비(라인당)	2,000,000,000		
		4. 영업/생산 장려금	1,500,000,000		
		5. 영업의 교육 훈련비	800,000,000		
		6. 생산의 교육 훈련비	500,000,000		
현황 분석		7. 기초 영업직원 수	275	142	145
추정		8. 예상 자연퇴직 영업직원수(-로 입력)	-25	-12	-15
		9. 판매량 예측치	66,680	32,680	30,539
		10. 예상 직원 만족도	4		
자동계산		총 퇴직영업직원 수 (해고+자연퇴직)	25	12	15
		기말 영업직원수 예측치	250	130	130
		인당 판매량	267	251	235

목적	• 영업 직원의 변화에 따른 인당 판매량을 관리하기 위함
작성 방법	**1. 퇴직 영업직원 수 예측** • 의사결정에 따른 퇴직 영업직원 수와 급여 수준과 Random요인으로 인해 자연 퇴직하는 영업직원 수를 더해 예상되는 현분기 퇴직 영업 직원 수를 계산함 **2. 기말 영업직원 수 계산** • 기초 영업직원 수와 퇴직영업직원 수를 이용해 기말 영업직원 수를 계산함 **3. 인당 판매량** • CMO가 예측한 예상 판매량을 기말영업직원 수로 나누어 인당 판매량을 계산함
제출 방법	• 기업경영 > 경영미션 > 1단계. 전략 및 계획수립 > HR계획 수립 미션에 작성 > 제출하기

© 2014 B2L Soft All Right Reserved

3. 경영미션 수행 – (5) 손익추정 분석 (CFO 미션)

Round 1

Round 1. 손익추정 분석		파란색만 입력하세요

(Input) 경영 의사결정 입력 및 매개 변수 추정 값

구분	항목	의사결정 변수	한국	미국	중국
CEO	의사결정	1. 연구개발비	5,000,000,000		
		2. CSR 활동비	500,000,000		
		3. M&A 투자비	-		
CMO	의사결정	1. 판매제품 모델	4		
		2. 판매가격	680,000	640	3,800
		3. 유통마진율 신설(+) 값 대비수	5	2	3
		4. 광고비	3,200,000,000	1,900,000	12,000,000
		5. 매장당 판매촉진비	40,000,000	40,000	150,000
	추정	6. 영업본부 입고량 (마켓)	76,080	30,000	80,000
		7. 판매량 (마켓)	66,680	32,680	30,500
		8. 기말 재고량 (마켓)	18,149	3,528	
	보고서	9. 평상 제품량 (마켓)			
	자동계산	10. 직원보유 유통점포 수	30	15	15
		11. 증가가능 유통점포 수	35	17	18
COO	의사결정	1. 가동하는 정규 생산라인 수	6		
		2. 조업중지 정규 생산라인 수	-		
		3. 재생하는 정규 생산라인 수	-		
		4. 2교대 생산라인의 조업 시간	48		
		5. 가동하는 2교대 생산라인 수	-		
		6. 조업 중지 2교대 생산라인 수	-		
		7. 재생하는 2교대 생산라인 수	-		
		8. 2교대 생산라인의 조업 시간	-		
		9. 품질 개선비	1,500,000,000		
		10. 2교대라인 신설 (3롯기 소요)	-		
		11. 정규라인 신설 (2롯기 소요)	-		
		12. 정규라인 생산량	136,080		
		13. 2교대라인 생산량	-		

(Output) 손익계산서 추정치 - 자동 계산

항목	금액	비율
I. 매출액	88,546,226,400	100%
1.국내 매출액	45,342,400,000	51%
2.수출액	43,203,826,400	49%
3. 청산 매출액	0	0%
II. 매출원가	48,795,648,001	55%
1. 기초 제품 재고액	7,869,812,052	9%
2. 당해기 생산원가	48,716,000,000	55%
3. 기말 제품 재고액	7,760,164,051	9%
III. 매출 총 이익	39,750,578,399	45%
IV. 판매 및 관리비	37,414,324,370	42%
1. 일직원 급여	1,335,640,000	6%
2. 영업 사원 급여	2,056,800,000	2%
3. 문별 상여금	1,920,000,000	2%
4. 광고비	7,376,900,000	8%
5. 판매 촉진비	2,619,860,000	3%
6. 물류비	3,499,800,000	4%
7. 재고관리비	882,179,840	1%
8. 영업본부 유지비	1,411,655,000	2%
9. 유통 매장 유지비	2,874,573,800	3%
10. 교육 훈련비	1,259,512,690	1%
11. 연구 개발비	5,000,000,000	6%
12. 본사 인자료	1,000,000,000	1%
13. 기타 비용	2,594,699,300	2%
V. 영업이익	2,336,254,029	3%
VI. 영업외 수익	86,250,000	0%
1. 이자 수익	86,250,000	0%
2. 유가증권 평가 이익	0	0%

목적	• 전략, 마케팅, 생산, HR, 재무 의사결정에 따른 손익을 추정함으로써 경영 의사결정의 타당성을 분석하기 위함
작성 방법	**1. 경영 의사결정 취함** • CEO, CMO, COO, CHO, CFO 의사결정을 모두 취합하여 매출액, 매출원가, 판매 및 관리비, 영업이익 등을 계산함 (Excel 분석도구에서 자동계산) **2. 경영 의사결정 조정** • 계산된 손익이 적자이거나 목표치보다 차이가 클 경우 의사결정 값의 조정을 요청함 • 만약 예상되는 이익이 합리적일 경우 시뮬레이션 시스템에 5.영업이익까지 입력함
제출 방법	• 기업경영 > 경영미션 > 1단계. 전략 및 계획수립 > 손익추정 분석 미션에 작성 > 제출하기

© 2014 B2L Soft All Right Reserved

---

4. 경영의사결정 수행

Round 1

➤ 임원들과의 분석과 협의를 통해서 경영의사결정을 시뮬레이션 시스템에 직접 입력하고 제출함

CEO 의사결정
1. 연구개발비
2. CSR 활동비

CMO 의사결정
1. 제품 의사결정
- 판매제품 모델

2. 가격 의사결정
- 판매 가격

3. 채널 의사결정
- 영업본부의 공장 발주량
- 유통매장 신설 및 폐쇄

4. 판매촉진 의사결정
- 광고비
- 매장당 판매촉진비

COO 의사결정
1. 정규생산 의사결정
- 정규생산라인 수
- 조업중지, 폐쇄, 작업시간

2. 2교대 생산 의사결정
- 2교대 생산라인 수
- 조업중지, 폐쇄, 작업시간

3. 품질혁신 의사결정
- 품질개선비

4. 생산 능력 확장
- 2교대, 정규라인 신설
- 공장 신설 및 폐쇄

CHO 의사결정
1. 인건비 의사결정
- 영업직원 채용 및 해고
- 영업직원 기본급(인당)
- 생산직원 인건비(라인당)
- 영업/생산 장려금

2. 교육훈련 의사결정
- 영업 교육 훈련비
- 생산 교육 훈련비

CFO 의사결정
1. 자금조달 의사결정
- 긴급자금대출
- 회사채 발행
- 주식 발행

2. 투자 의사결정
- 양도성 예금증서 투자
- 펀드 투자(계좌수)

3. 배당 의사결정
- 배당 (%)

© 2014 B2L Soft All Right Reserved

4. 경영의사결정 수행 – (1) CMO 의사결정   Round 1

> CMO의사결정 변수는 총 6개이며 매 분기 동일함

의사결정 변수	1. 판매제품 모델 2. 판매 가격 3. 영업본부의 공장 발주량 4. 유통매장의 신설(+) 및 폐쇄(-) 5. 광고비 6. 매장당 판촉비
의사결정 결재	• 결재 권한 없음 • CMO 의사결정 완료 버튼을 눌러 의사결정 결재를 요청해야 함
의사결정 수정	• 의사결정을 완료하면 의사결정을 수정할 권한이 없어짐 • 수정이 필요할 경우 CEO에게 의사결정 반려를 요청해야 함

© 2014 B2L Soft All Right Reserved

4. 경영의사결정 수행 – (2) COO 의사결정   Round 1

> COO의사결정 변수는 총 12개이며 매 분기 동일함

경영 의사결정 시스템 화면 (COO)

의사결정 변수	1. 가동하는 정규 생산 라인 수 2. 조업 중지 정규 생산라인 수 3. 폐쇄하는 정규 생산라인 수 4. 정규 생산라인의 작업시간 5. 가동하는 2교대 생산 라인 수 6. 조업 중지하는 2교대 생산 라인 수 7. 폐쇄하는 2교대 생산 라인 수 8. 2교대 생산 라인 작업 시간 9. 품질개선비 10. 2교대라인 신설(1분기 소요) 11. 정규라인 신설(2분기 소요) 12. 공장신설 (3분기 소요)및 폐쇄
의사결정 결재	• 결재 권한 없음 • COO 의사결정 완료 버튼을 눌러 의사결정 결재를 요청해야 함
의사결정 수정	• 의사결정을 완료하면 의사결정을 수정할 권한이 없어짐 • 수정이 필요할 경우 CEO에게 의사결정 반려를 요청해야 함

4. 경영의사결정 수행 – (3) CHO 의사결정   Round 1

➤ CHO의사결정 변수는 총 6개이며 매 분기 동일함

의사결정 변수	1. 영업직원 채용(+) 및 해고(-) 2. 영업직원 기본급(인당) 3. 생산지원 인건비(라인당) 4. 영업/생산 장려금 5. 영업의 교육훈련비 6. 생산의 교육훈련비

의사결정
결재
	• 결재 권한 없음
	• CMO와 COO 의사결정이 완료된 후
	  의사결정을 수행할 수 있음
	• CHO 의사결정 완료 버튼을 눌러
	  의사결정 결재를 요청해야 함

의사결정
수정
	• 의사결정을 완료하면 의사결정을
	  수정할 권한이 없어짐
	• 수정이 필요할 경우 CEO에게
	  의사결정 반려를 요청해야 함

© 2014 B2L Soft All Right Reserved

4. 경영의사결정 수행 – (4) CFO 의사결정   Round 1

➤ CFO의사결정 변수는 총 6개이며 매 분기 동일함

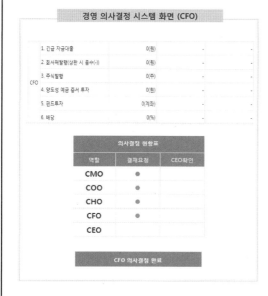

의사결정 변수	1. 긴급자금 대출 2. 회사채 발행 3. 주식발행 4. 양도성 예금증서 투자 5. 펀드 투자 (계좌수) 6. 배당 (%)

의사결정
결재
	• 결재 권한 없음
	• CMO와 COO 의사결정이 완료된 후
	  의사결정을 수행할 수 있음
	• CFO 의사결정 완료 버튼을 눌러
	  의사결정 결재를 요청해야 함

의사결정
수정
	• 의사결정을 완료하면 의사결정을
	  수정할 권한이 없어짐
	• 수정이 필요할 경우 CEO에게
	  의사결정 반려를 요청해야 함

© 2014 B2L Soft All Right Reserved

4. 경영의사결정 수행 – (5) CEO 의사결정 Round 1

> CEO의사결정 변수는 총 5개이며 Round 1에서는 2개 변수만 결정이 가능함

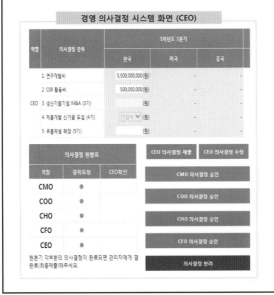

의사결정 변수	1. 연구개발비 2. CSR 활동비
의사결정 결재	• CMO, COO, CHO, CFO의 의사결정이 완료되면 결재한 후 최종 제출해야 함
의사결정 수정	• 의사결정이 합리적이지 않을 경우 CEO가 직접 수정하거나 의사결정 반려 버튼을 이용하여 의사결정을 다시 요청할 수 있음 • 의사결정 반려 시 모든 임원들이 다시 의사결정을 수행하고 결재 요청을 해야 함

© 2014 B2L Soft All Right Reserved

목차

I. 오리엔테이션

II. Biz. Simulation

Round 1 - 좋은 전략가가 되자

III. 종합정리

© 2014 B2L Soft All Right Reserved

III. 종합정리

경영의 큰 그림을 이해하고 *Value chain*을 관리하자

1. 좋은 전략을 수립하자
2. 경영의 큰 틀을 이해하자
3. 업(業)의 본질을 이해하자
4. Value Chain을 관리하자
5. 합리적 의사결정 프로세스를 구축하자

© 2014 B2L Soft All Right Reserved

---

1. 좋은 전략을 수립하자

Round 1

➢ 창업 기업의 경영자로서 핵심 역할 중 하나는 전략가로서 좋은 전략을 수립하는 것임
➢ 전략은 기업이 생존하고 성장할 수 있는 **방향과 방법**으로, 문제를 해결하는 일관된 정책과 행동 방침의 묶음

목표와 전략의 3요소

정확한 현실 진단
(Diagnose)

↓

올바른 정책 방향
(Guiding Policy)

↓

일관된 행동
(Coherent Action)

잘 못된 목표와 전략의 예

1. 냉철한 현실 진단과 해결책 없는 전략
2. **목표와 전략이 뒤엉킨 애매 모호한 전략**
3. 미사여구로 표현된 허풍으로 가득 찬 전략
4. **실적 목표만 가득 찬 전략**

출처: Break Your Strategy (신시아 몽고메리, 2013)

© 2014 B2L Soft All Right Reserved

1. 좋은 전략을 수립하자 – 방향성과 연계성   Round 1

> ➤ 좋은 전략은 경영 목표의 **방향성**이 명확하고, 목표 수준이 합리적이어야 함
> ➤ 또한 목표를 달성하기 위한 전략들이 **체계적**이어야 하며, 목표와 전략의 연계성이 높아야 함

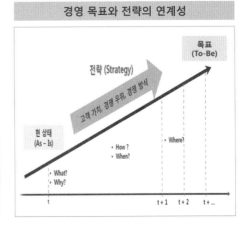

© 2014 B2L Soft All Right Reserved

1. 좋은 전략을 수립하자 - 3대 이슈   Round 1

> ➤ 경영 전략은 **사업 영역, 경쟁 방법, 타이밍**을 중심으로 결정해야 함

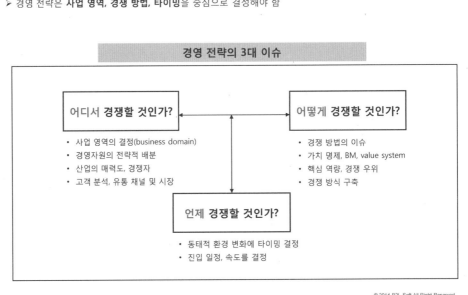

© 2014 B2L Soft All Right Reserved

1. 좋은 전략을 수립하자 - 본원적 경쟁전략   Round 1

➢ 경쟁 우위를 달성하기 위한 본원적 전략을 선택하고, 그에 맞추어서 value chain을 설계하고 운영해야 함
➢ 이들 전략들을 어떻게 융합해서 활용할 것인지를 결정해야 함

본원적 경쟁 전략

1. 원가 우위 전략

- 경쟁기업보다 더 낮은 원가로 제품을 생산하여 가격 경쟁에서 우위를 점하는 전략
- 원가우위를 위한 Value Chain 상의 비용 측면의 경쟁우위 창출이 필요함
- 규모의 경제, 학습효과, 생산프로세스의 혁신, 제품 설계의 개선 상의 핵심 역량이 요구됨

2. 제품 차별화 전략

- 소비자의 욕구를 만족시키기 위하여 독특한 제품/서비스를 공급하거나, 독특한 방법으로 전달하는 전략
- 차별화를 위한 R&D나 마케팅에 집중
- 제품기획, 광고, 유통전략상의 핵심역량이 요구됨

3. 집중화 전략

- 특정 부문에 경영자원을 집중 투자해 대처하는 전략
- 시장 세분화 능력
- 전략적 자원 배분 능력

© 2014 B2L Soft All Right Reserved

2. 경영의 큰 그림을 이해하자   Round 1

➢ 좋은 전략을 수립하기 위해서는 기업 외부 환경 및 산업 구조 변화를 체계적으로 분석해야 함
➢ 외부 환경 변화를 정확하게 예측해서 경영 전략을 선제적으로 수립해야 함

외부 환경 변화의 Framework

기술적 변화 / 인구적 동향 / 특정한 국제적 사건 / 보완자 / 진입자 / 경쟁자 / 기업 / 구매자 / 산업 / 대체재 / 공급자 / 법적 정치적 상황 / 경제적 환경 / 문화적 동향

미래 지향적 사고

FUTURE / PRESENT / PAST

© 2014 B2L Soft All Right Reserved

3. 업(業)의 본질을 이해하자

➢ 사업의 운영에 필요한 요인을 정확하게 읽어내고, 산업의 성공 요인을 찾아내어 집중하는 일이 매우 중요함
➢ 핵심 성공요인들의 탄력성을 분석하고, 관리해서 성공의 방법을 찾는 일이 중요함

핵심 성공요인	성공요인의 탄력성

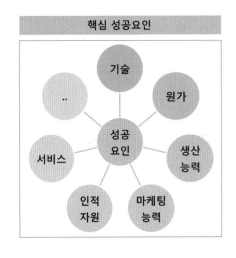

가격 인상으로　　　수요 감소로
획득되는 이익　　　상실되는 이익

$$P\,[Q-\triangle Q] \;=\; \triangle Q\,[P\text{-}C]$$

- P: Price (가격)
- Q: Quantity(수량, 판매량)
- C: Cost (원가)

© 2014 B2L Soft All Right Reserved

4. Value Chain을 관리하라

➢ Value Chain을 통해서 가치를 창출하고, 원가를 관리해서 Operational Excellence 확보
➢ 경영 환경 변화에 따라 Value Chain을 선제적으로 혁신하는 능력이 필요함

Value Chain 설계 및 운영 능력	Value Chain 혁신 능력

하부 조직활동: 기획, 재무, MIS, 법률서비스				
인적자원관리와 개발				
기술연구, 개발, 디자인				
조달				
구매 재고보유 원자재	생산	입고 물류	판매 마케팅	서비스

마진

변화와 진화 능력

+

융합 능력

+

창조적 파괴 능력

© 2014 B2L Soft All Right Reserved

4. Value Chain을 관리하자 – 손익 추정

➤ 경영 전략 및 계획 수립 후 이득과 손실을 분석하고, 이에 따른 손익을 추정해야 함
➤ 추정된 손익을 기반으로 경영 목표와 전략을 수정해야 하고, 정보를 실시간으로 공유하고 있는지를 점검해야 함

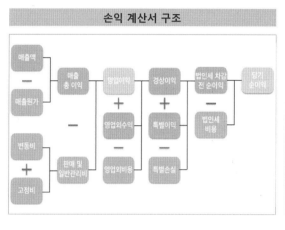

손익 계산서 구조

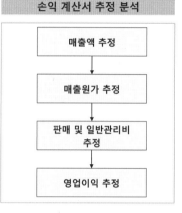

손익 계산서 추정 분석

© 2014 B2L Soft All Right Reserved

5. 합리적 의사결정 프로세스를 구축하자

➤ 체계적인 의사결정 프로세스를 통해서 의사결정 과정의 신뢰성과 좋은 해결책을 확보해야 함
➤ Top-Down 프로세스와 Bottom-Up 프로세스의 통합적 사고 능력이 필요함

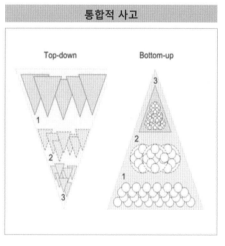

통합적 사고

의사결정 프로세스의 체계성

© 2014 B2L Soft All Right Reserved

After Action Review

Round 1

하려고 한 일(목표)

실제 일어난 일(결과)

잘된 점	잘된 점의 원인
미흡한 점	미흡한 점의 원인

과제 수행 과정에서 배운 점

시사점/향후 계획

© 2014 B2L Soft All Right Reserved

저자 소개

이중만 교수는 고려대학교 경영학과를 졸업한 후 St. John's University에서 MBA, 미국 City University of New York에서 경제학박사 학위를 취득했다. 국내에 귀국하여 벤처컨설팅 및 M&A Firm인 ㈜ Aup에서 부사장을 역임했으며, 한국전자통신연구원에서 IT 기술정책분야에 대한 연구를 하였고, 정보통신연구진흥원에서는 IT인력양성 정책 및 사업기획으로 2006년에는 진로교육에 기여한 공으로 부총리 상을 수상한 바 있다. 과거 정통부, 과기부시절에는 과학기술인력정책 자문위원으로도 활동하였으며, 문화부의 문화기술 R&D 기획위원도 역임을 하였다. 이중만 교수(디지털 기술경영 전공)는 2008년부터 호서대에 재직해왔으며, 과학기술정책, 산업정책, 인력정책 분야 연구를 하고 있다.

호서대에 재직하면서 2009년에는 문화체육관광부로부터 국책사업인 산업체 맞춤형 인력양성사업에 선정되어 디지털 기술경영학과(MOT) 일반대학원을 신설하여 운영하고 있고, 2011년에는 창업교육 센터장을 역임하였으며, 2013년에는 중기청으로부터 CEO 및 공대교수 대상으로 R&D 평가위원 전문성 제고를 위한 기술경영(MOT) 전문가 과정을 수탁 받아 MOT교육에도 역점을 두고 있다. 그리고 미국에서 발간되는 저명 인명사전 '마르퀴즈 후즈 후 인 더 월드(Marquis Who's Who in the World)' 2013년 30주년 Pearl Edition 에 등재되었다.

또한 지식경제부의 IT분야 중소벤처경쟁력 강화방안, 전자통신연구원의 정보보호 산업지원정책 방향연구 등 정책과제에 참여하여 정부의 산업 및 기술정책에도 적극적으로 수행을 했으며, 연구재단의 연구 과제를 수탁 받아 창의적 SW인재양성 정책방향 도출 등 활발한 연구 활동을 하고 있다. 현재 한국콘텐츠학회 상임고문, 한국정보기술응용학회 부회장 및 학술위원장, 세계적인 기술경제학회지 TEDE 학회 등에서 활동을 하고 있으며, 기술경영 및 콘텐츠분야 창업교육 활성화를 위해 노력하고 있다. 또한 SSCI, SCOPUS 등 국제학술지, 학술등재지, 학술 우수논문상 수상 등 연구 활동에도 힘쓰고 있다.

벤처경영과 창업게임

초판인쇄	2016년 8월 25일
초판발행	2016년 9월 10일

지은이	이중만
펴낸이	안종만

편 집	마찬옥
기획/마케팅	박선진
표지디자인	조아라
제 작	우인도·고철민

펴낸곳	(주)**박영사**
	서울특별시 종로구 새문안로3길 36, 1601
	등록 1959. 3. 11. 제300-1959-1호(倫)
전 화	02)733-6771
f a x	02)736-4818
e-mail	pys@pybook.co.kr
homepage	www.pybook.co.kr
I S B N	979-11-303-0362-8 93320

copyright©이중만, 2016, Printed in Korea

* 잘못된 책은 바꿔드립니다. 본서의 무단복제행위를 금합니다.
* 저자와 협의하여 인지첨부를 생략합니다.

정 가   19,000원